JN434571

이렇게 말하면 통하는 공감대화

심화

고현희 나수미 문혜림 이진아 주장석 지음

MEDIA JIPHIL

저자 소개

고현희

공감대화개발원장
인권교육활동가

나수미

공감대화개발원 강사
초등학교 공감대화 동아리 운영 및 강의

문혜림

공감대화개발원 강사
상담교육학박사 수료
서울 선정국제관광고등학교 교사

이진아

공감대화개발원 강사
공감대화개발원 충남지부장
상담교육학박사 수료
(주)진컴퍼니 대표이사

주장석

공감대화개발원 강사
서울 창일중학교 진로진학상담교사
진로우수교사 교육감 표창 등

서문

어릴 때 저와 형제들은 부모님께 맞고 자랐습니다. 저와 형제들은 부모가 되어 아이들을 키울 때 잘못했다고 판단하면 때리는 것이 당연한 일이라고 생각하며 매를 들었습니다. 2006년 '비폭력대화' 책을 읽으면서 얼굴이 뜨거워졌습니다. 새로운 관점에 머리가 쭈뼛 설 만큼 놀랐습니다. 그 날 이후로 매를 들지 않았습니다. 공감대화를 배우면서 '잘못했다'는 판단을 내려놓게 되었고 각각의 상황에서 내 느낌과 바람을 표현하거나, 상대의 느낌과 바람을 미루어 짐작하여 물어보게 되었습니다. 이 변화들이 모여 지금 제 삶을 바꾸고 있다고 생각합니다. 물론 진행 중입니다. 이 변화의 진행은 언제 끝날까요? 저도 궁금합니다...

'이렇게 말하면 통하는 공감대화' 기초 책을 읽은 많은 사람들이 저와 같이 삶이 바뀌고 있다고 말하는 것을 듣고 뿌듯하였습니다. 이 책에 하얀 부분이 한 칸도 없게 적은 분도 있고, 이 책을 통째로 옮겨 쓴 분도 있고, 한 권을 본 후 다시 한 권을 적는 분도 있고, 이 책을 주위에 선물하며 자신의 긍정변화를 알려주는 분도 있습니다.

기초 책에서 공감대화라는 말을 들으면 '질문'을 떠올려달라고 강조한 말을 읽고,

'이번 추석에는 달님에게 소원을 빌 때 질문으로 해야겠지요?'라고 하며 변화를 만끽한 분도 있습니다.

다양한 분야의 사람들이 기초 책을 통하여 삶의 갈등을 조금씩 풀어내는 힘, 자력을 갖게 된 것을 보고 기쁘고 행복했습니다. 온 마음을 내어 응원하고 축하했습니다. 그 자력을 더욱 굳게 만들기 위하여 심화 책이 필요하다고 생각했습니다.

공감대화를 배웠다고 갈등이 단번에 없어지거나, 화가 나지 않게 되거나, 폭력대화를 안 하게 되지는 않습니다. 우리 몸 깊이 각인되어 있는 폭력대화가 서서히 녹아내리거나, 밀려나가는데 시간과 노력이 필요하기 때문입니다. 단 한 번이라도 공감대화를 통하여 변화를 맛보는 것이 중요합니다. 그리고 그 변화를 반복하는 것이 중요합니다.

더 다양한 연습을 하고, 더 다채로운 상황을 경험하게 하여 능숙하게 공감대화를 할 수 있도록 돕고 싶었습니다. 더 세밀하게 자신을 들여다보고 타인을 미루어 짐작하는데 효과적인 책을 만들고 싶었습니다. 그래서 10명의 강사들이 시간과 열정을 가지고 모였습니다. 모여서 의

견을 내고, 수정하고, 보완하여 이 책을 엮었습니다. 다시 돌아보니 그 시간이 얼마나 소중하였는지... 가슴이 따뜻해옵니다. 같은 곳을 바라보고 걸음의 폭을 자연스레 맞추며 걷는 사람들이 옆에 있다는 것을 어떻게 설명할 수 있을까요! 온 우주를 채울 만큼 감사한 마음입니다.

거절(No) 이해하기의 내용은 박근덕님의 글에서 인용하였습니다. 거절(No)을 이해할 수 있도록 명료하게 설명한 박근덕님의 글을 보고 사용하고 싶다고 요청 드리자 흔쾌히 허락하셨습니다. 감사의 마음을 적습니다. 박근덕님은 한국NVC 인증강사이며 2006년 저에게 '비폭력대화'를 알려주신 분입니다. 제 삶이 변화하는 꼭지점에 등장하는 분이지요! 현재는 평화인권교육센터의 대표로서 인권 증진을 위해 일하고 계십니다.

'앵무새 질문'을 설명하고, '간단 공감대화'를 마음에 새길 수 있도록 만드는데 앵무새 사진이 필요했습니다. 다양한 앵무새 사진이 있었으나 선택은 어려웠습니다. 그 때 새로운 인연, 의상디자이너가 꿈인 13살의 김정은님이 연결되었습니다. 김정은님이 연필로 그린 앵무새가 후두둑 날아왔습니다. 앵무새의 표정은 너그러웠고 공감의 눈으로 상대의 말을 그대로 따라하는 것처럼 보였습니다. 머리 위로 쑥 올라간 깃털은 능숙함과 반듯함으로 보입니다. 김정은님의 앵무새를 공감대화의 앵무새로 임명하며 흐뭇하였습니다. 이 글을 통하여 김정은님에게 다시 감사의 마음을 전합니다!

현재 강사들의 가장 절실한 바람은 우리나라 아이들이 자력이 있고, 환하게 웃고, 행복하게 되는 것입니다. 지금, 우리나라 아이들을 생각하면 마음 한편이 아립니다...

그래서 지금, '무엇을 해야 할까요?' 라고 묻고,

그 답으로 강사들은 공감대화를 선택한 것입니다. 그 길로 열심히 가겠습니다. 여러분도 함께 가실래요?

이 책에서 잘못된 것이 있거나 어색한 표현이 있다면 저의 부족함으로 인한 것입니다. 너그러이 이해해주시기 바랍니다. 아래 연락처로 그 부분을 알려주시기 바라며, 이 책의 표현보다 더 마음이 열리는 표현도 연락해주시기를 수줍게 부탁드립니다.

2021.01.28.

바람이 찬 겨울, 정릉에서

저자 **고현희 나수미 문혜림 이진아 주장석**

공감대화 카페 https://cafe.naver.com/gongsopung

공감대화개발원장 고현희 010-6362-2400

이메일 anyangkhh@hanmail.net

목차

'이렇게 말하면 통하는 공감대화-심화과정' 책에서의 공감대화란?

이 책을 펼칠 때는 공감대화로 말하는 이론을 이해하고 계시지요? 물론 공감대화의 이론을 알지만 내 입에서 나가는 말을 공감대화로 하는 것은 원활하지 않으리라고 짐작합니다. 그만큼 습은 강합니다. 이 날까지 듣고, 배우고, 해온 말이 뼛속까지 들어가 있기 때문에 공감대화로의 변화는 쉽지 않습니다. 이론과 실제, 앎과 행은 일치하지 않을 경우가 많다고 생각됩니다.

부끄럽지만 저도 마찬가지입니다. 알고 있고, 강의하고 있고, 설명하고 있는 이론임에도 불구하고 항상 제 입에서 나오지는 않습니다. 그럴 때마다 좌절하지만, 다시 마음을 다잡고 공감대화를 하려고 생각합니다. 이런 좌절과 다시 노력하는 과정을 지속하는 것이 변화의 단계라고 생각합니다. 공감대화를 하는 횟수는 점점 늘고, 공감대화를 하지 못 하는 혹은 하지 않는 경우가 점점 줄어들고 있습니다. 이와 같이 좌절과 노력을 반복하다가 문득 폭력대화를 했던 것이 언제였지? 라고 과거를 회상하는 시기가 올 것입니다. 공감대화로의 변화는 하루아침에 오는 것이 아니라 점진적으로 오는 것이라고 생각됩니다. 공감대화의 끈을 꼭 잡고 생활하시면 변화는 반드시 따라옵니다.

공감대화의 기초 6회를 하면서 첫 변화가 무엇이었는지 궁금합니다. 많은 분들이 공감대화의 기초 이론을 배우면서 내가 하는 말이 대부분 폭력대화라는 것을 알았고, 때로는 잔소리라고 들릴 수 있겠다는 것을 알았다고 했습니다. 어떤 말은 안 해도 되는 말이라는 것을 알았고, 심지어 '이 말을 안 하는 것이 소통에 도움이 되겠군!' 이라는 생각을 했다고 의견을 주었습니다. 그래서 말수가 줄었다고 했습니다. 말하는데 주저하는 자신을 보게 되었다고 했습니다. 말하는 속도가 느려졌고, 말하고 나서 '이게 아닌데...'라고 생각한다고 했습니다. 그래서 말할 때 혼란스럽고, 불편하고, 어색하다고 했습니다. 때로는 공감대화를 의식하고 말을 했더니 소통이 잘 되어 뿌듯하고, 행복하다고 했습니다. 여러분도 그런 경험이 있으세요?

공감대화 기초 책에서 여러분의 언어는 여러분 탓[1]이 아니라고 했고, 여러분 가족 혹은 자녀들의 언어는 여러분 탓이라고 했습니다. 탓이라는 표현이 강하고, 불편한 표현임에도 불구하고 일부러 그렇게 표현을 해 봅니다. 변화를 위해 공감대화를 하기로 선택하기를 바라기 때

1) 탓 [탇] [명사] 1. 주로 부정적인 현상이 생겨난 까닭이나 원인. 2. 구실이나 핑계로 삼아 원망하거나 나무라는 일.

문입니다. 조용히 공감대화가 안 되었던 때를 생각을 하면서 '그 때 상대의 느낌이 무엇이었을까?' '상대의 바람은 무엇이었을까?' '내 느낌이 무엇이었나?' '내 바람이 무엇이었나?'를 찾고 다음에 그와 비슷한 상황에서 내가 해야 할 말이 무엇인지를 구체적으로 적거나, 혼잣말로 해보기를 권합니다. 이런 노력을 통하여 한 걸음씩 공감대화로의 변화가 이어집니다.

그래서 공감대화는 '나를 아는 것'이라는 생각을 합니다. 대부분의 사람들은 세상의 지식에 대해 아는 것이 많지 않을 것입니다. 그리고 스스로에 대해서도 아는 것이 많지 않다고 생각합니다. 세상의 지식과 나, 이 두 가지 중 어느 것을 아는 것이 더 의미있을까요? 자신에 대해서 알라고 하는 여러 스승이 있고, 다양한 방법이 제시되어 있습니다. 자신을 알고 이해하는 방법 중 하나가 공감대화를 하는 것이라고 생각합니다. 왜냐하면 공감대화를 하기 위해서는 나를 먼저 깊이 들여다보아야 하기 때문입니다.

대부분은 갈등 상황에서 어떤 행동과 말을 하고 싶은지 혹은 해야 하는지를 생각하지 않고 습으로 몸에 익혀진 대로 행동하고 말하고 맙니다. 그리고 후회하는 경우가 대부분입니다. 매순간 자신의 의식을 인식하고, 자신의 말을 제어할 수 있다면 삶의 형태는 달라질 것입니다. 그런 의미에서 공감대화를 한다는 것은 자신을 아는 길이라고 생각합니다. 그리고 상대의 느낌과 바람이 무엇인가를 미루어 짐작하는 것이 능숙하게 되면 갈등이 줄어든 것을 알게 될 것입니다. 소통으로 삶이 풍요롭게 되는 것입니다.

공감대화의 소통이 상대를 내 쪽으로 끌어오거나, 내가 상대 쪽으로 가는 '동감'이 아니라는 것은 알고 있지요? 상대는 저 언덕에 서있구나!, 나는 이 골짜기에 서있구나! 를 서로 인식하는 것이 공감대화입니다. 물론 대화를 통하여 어느 한 쪽으로 갈 수도 있고, 중간에서 만날 수도 있고, 더 멀어질 수도 있습니다. 그 매 순간을 인식하고 아는 것이 공감대화입니다. 공감대화를 하면서 서로를 인식하고, 독립적인 존재로 행복하기를 바랍니다. 그런 후 타인을 이해하고, 배려하며 도와주는 마음까지 내면서 행복하기를 더욱 바랍니다.

1984년 미국의 임상심리학박사 마샬 로젠버그는 '비폭력대화' 책을 저술하고, 비영리 평화단체 CNVC(Center for Nonviolent Communication)를 만들었습니다. 비폭력대화의 효과는 여러 분야에서 나타났습니다. UN은 유고슬라비아 내전으로 인한 치유를 위하여 이 대화법을 지원하였고, 분쟁지역에 비폭력대화 전문가를 파견하였습니다. 이스라엘에서는 교사가 비폭력대화를 배우고 있습니다.

공감대화는 '비폭력대화'를 의역한 것입니다. 비폭력대화라는 명칭에서 연상되는 폭력을 배제하고 서로의 느낌을 더불어 이해한다는 의미입니다.

이 책의 활용법은?

공감대화 기초과정 6회 책에 이어 심화과정 6회 책을 기획하였습니다. 기초과정 책에서 매주 1회 2시간씩 공감대화 책을 통하여 읽고 쓴 후 한 주일 동안 단어를 사용해보고, 문장을 말해보았습니다. 삶이 조금 변했을 것으로 짐작합니다. 능숙하게 공감대화를 하지 못 해도 말을 하면서 생각이 먼저 일어나는 경험을 했을 것이며, 도움이 될 것으로 생각되지 않는 말을 멈춘 적도 있을 것입니다.

지금보다 더 긍정변화하기 위하여 시간과 노력과 후회가 더 필요할 것입니다. 어쩌면 폭력대화를 듣고 사용한 시간만큼 필요할 수도 있습니다. 폭력대화로 어긋난 관계의 크기만큼 노력이 필요할 수도 있습니다. 지금 심화과정 책을 선택하면 됩니다.

대부분의 사람들은 조건이나 환경에 맞추어 적응하는 힘이 무척 뛰어나다고 생각합니다. 조건이나 환경에는 물리적인 것과 상황적인 것이 있습니다. 우리 사회에 대화와 관련된 상황적 적응력은 잘 발휘되어 있다고 보입니다. 우리 사회가 폭력대화에 푹 젖어 있는 것으로 보이기 때문입니다. 공감대화 수업에서 수강생들이 서로 공감이 잘 되는 대화는 '자칼 아웃'의 말입니다. 타인에 대한 비난, 판단, 비하 등의 표현인 '자칼 아웃'은 가장 쉽게 적을 수 있고, 가장 자연스레 말할 수 있었습니다. 책에 적힌 사례에 대하여 여러 수강생이 '자칼 아웃'의 문장을 적었을 때 그 문장들이 거의 비슷해서 놀란 적도 있습니다. 우리 사회가 폭력대화에 적응되어 있는 결과겠지요?

이제 공감대화로 말하는 법을 알았고, 스스로를 변화하고자 하는 마음이 있다면 이 상황에서도 적응력은 발휘될 것입니다. 처음 들었을 때 이상하던 공감대화의 말투가 지금은 조금 익숙하세요? 그렇다면 적응 중인 것입니다. 공감대화로의 적응력이 쑥쑥 높아지도록 심화과정 교재를 기획하였습니다. 심화과정을 통하여 상.느.바.부.의 순서를 자유롭게 선택해서 공감대화를 할 수 있게 될 것입니다. 잔소리라고 불리는 말을 멈추라고 했었는데 상대가 들을 수 있는지를 물어본 후 공감대화로 말을 하면 더 이상 잔소리라는 말을 듣지 않을 것입니다.

심화과정 6개의 장은 '사례를 통한 공감대화 연습하기'로 시작합니다. 사례는 자신 혹은 동료의 실제 사례를 적고, 적은 사람에게 너-상.느.바.부.를 말하는 것입니다. 먼저 느낌 4종류를 적은 후 느낌 아래의 바람을 찾아 적습니다. 그리고 부탁할 것이 있다면 무엇일까?를 적는 것입니다. 이 연습을 통하여 상대를 깊이 들여다 볼 수 있을 것입니다.

기초과정에서 하지 말라고 배웠던 소통을 방해하는 말을 공감대화로 바꾸는 연습을 합니다. 공감대화보다 중요한 것이 경청인데 상대의 말을 듣고 그대로 따라 하면서 끝을 질문으로 하는 '앵무새 질문'은 경청의 방법이면서 마음을 여는 말입니다. 마음을 여는 '앵무새 질문'으로 시작한 대화를 연속하여 주고받기 위하여 어떻게 해야 할지는 간단 공감대화 방법으로 배울 수 있습니다. 정서적 해방의 말을 자연스레 하기 위하여 정서적 노예의 말과 얄미운 단계의 말을 이해합니다. 상대가 하는 폭력대화를 바꿔 듣는 연습도 합니다. 바꿔 듣기는 폭력대화로 가려진 그 사람의 생동하는 느낌과 바람을 알아채는 것입니다. 부탁에 거절하기 힘들고, 부탁하기 힘든 상황을 깊이 이해하는 과정도 있습니다. 나를 깊이 이해하는 과정을 통해 모든 것이 나의 선택이므로 내 책임인 것을 인식하는 것과 같이 상대를 깊이 이해하는 과정을 통하여 상대의 거절에 연결된 긍정 바람을 이해하게 됩니다.

선택에는 바람이 있고, 바람은 느낌에서 피는 꽃입니다. 행동을 수반하는 바람을 찾는 것에 익숙해진 후 그 행동으로 성취할 수 있는 긍정 추상 바람[2)]을 찾는 연습을 공감대화 표로 진행합니다.

공감대화가 말하고 들으면서 익숙해지도록 하기 위하여 시나리오를 만들고 역할놀이를 하는 과정을 넣었습니다. 일상에서 만나는 폭력대화를 공감대화로 만들어 보는 것입니다. 만든 후 역할놀이를 하면서, 들으면서 공감대화가 자연스레 입에 붙습니다.

공감대화를 떠올리면 가장 먼저 '질문'을 떠올리기를 바랍니다. 우리 사회에 명령과 지시가 넘치기 때문입니다. 명령의 끝을 질문으로 바꾸고, 상대의 생각이 어떤지 물어보는 것으로 관계는 바뀐다고 확신합니다. 이렇게 중요한 질문을 다양하게 해보는 것을 기획하였습니다. 질문의 다양화는 생각의 폭을 넓혀서 긍정변화의 효과를 높일 것으로 확신합니다.

심화과정의 책도 기초과정과 같이 6주 동안 매주 같은 요일에 책을 펼치고 약 2시간을 내십시오. 천천히 설명을 읽고, 적고, 소리 내어 말하는 연습을 하세요. 매 꼭지의 끝에 '스스로 학습하기'가 있습니다. 한 주 동안 '스스로 학습하기'를 적으십시오. 그리고 다음 주 같은 요일에 다음 꼭지를 펼치면 됩니다. 눈에 띄는 곳에 기억해야 할 것들을 붙여 놓으시기를 권합니다. 아는 만큼 보이고, 보이는 만큼 더 기억하게 됩니다.

무엇인가에 마음이 가면 그 다음으로 몸이 가고 삶이 갑니다. 공감대화로의 변화에 마음을

---

2) 긍정 추상 바람 : 바라는 것을 긍정의 추상 명사로 표현하기
예) 오해하지 말아 줘 → 이해해 줄래?
해결 방법을 듣고 싶지 않아! → 공감의 말을 듣고 싶어!

내서 몸이 변하고 삶이 변하길 기대합니다. 짜릿한 변화를 경험하면서 행복하기 바랍니다. 그 행복을 주위에 퍼뜨리기 바랍니다, 특히 가까운 사람에게!

그물망의 흔들림은 멀리부터 시작하지 않습니다. 내가 흔드는 그 바로 옆에서 시작합니다.

공감대화를 향해 다시 한 걸음 앞으로!

'이렇게 말하면 통하는 공감대화 심화'를 펼친

지금 느낌을 적어보세요.

(3가지 이상 느낌을 적어보세요)

이 책을 통하여 어떻게 변화하고 싶으세요?

구체적으로 적어보세요

사람은 태어날 때에 입안에 도끼를 가지고 나온다.
어리석은 사람은 말을 함부로 함으로써
그 도끼로 자신을 찍고 만다.

- 숫타니파타 -

1 주차

이렇게 말하면 통하는

공감대화 심화과정 공부하기

- 사례를 통한 공감대화 연습하기
- 소통을 방해하는 말
- 간단 공감대화

사례를 통한 공감대화 연습하기

사례: (상황만 적으세요)

상황을 적은 사람 :

너-느낌	너-바람	너-부탁

소통을 방해하는 말

여러분은 게으른가요? 게으르다면 무엇 때문에 그렇게 생각하세요? 혹시 누구하고 비교해서 게으른가요?

여러분은 게으르지 않은가요? 그렇다면 무엇 때문에 그렇게 생각하세요? 누구하고 비교해서 게으르지 않은가요?

위 질문에 '본인의 행동' 만을 보고 답을 하셨다면 공감대화의 의도와 일치합니다.

'나는 게으르다고 생각합니다. 왜냐하면 나는 바지가 더러워도 빨지 않고, 귀찮은 마음에 한 계절 내내 입고서야 빨 때도 있기 때문입니다.'라는 답은 내 행동에 대해 게으르다고 생각한 것입니다.

'나는 남편 보다 게으릅니다.', '나는 게을러서 설거지를 미룰 때가 많습니다.'라는 답은 다른 사람과 비교하거나, 도덕주의적으로 판단한 답입니다. 다른 사람과 비교하였다면 그 사람은 가장 표준의 사람인가요? 도덕주의적 잣대는 사람에 따라, 시대에 따라 달라집니다. 게으르다는 것은 나쁜 것일까요? 꼭 고쳐야 하는 것일까요? 삶에서는 부지런함이 필요할 때도 있고, 게으름이 필요할 때도 있을 것입니다. 게으름도, 부지런함도 스스로 선택하며 살아가면 되겠지요? 영국의 철학자 버틀란트 러셀은 '행복해지려면 게을러지라.'라고 말했습니다.

비교는 한 지점을 정하고 그것을 기준으로 다른 것을 판단하는 것입니다. 특히 한 사람을 기준 점에 놓고 다른 사람을 비교하여 판단하는 것은 모두를 힘들게 하는 것입니다. 우리 사회는 이 비교를 당연한 것처럼 하고 있어서 답답합니다. 지구 위 약 70억 인구가 모두 똑같다면 어떤 상황이 될까요? 모든 남자는 같은 생김새와 말투와 행동을 하고, 모든 여자도 그러하다면 어떤 일이 벌어질까요? 다행히도 지구에서는 쌍둥이도 다릅니다. 그 다름으로 인하여 인간은 존엄하게 존재하는 것입니다. 모습도 다르고, 생각도 다르고, 행동도 다릅니다. 달라서 각각 다른 행복을 가질 수 있습니다. 누구나 다른 그대로 '천상천하 유아독존'인 것입니다.

'너는 게을러서 정리를 못하는구나.'라고 한다면 도덕주의적 판단의 말이며, 이 말은 씨가 되기에 충분합니다. 판단하는 말은 그 상황을 고착화시킬 수 있습니다. 비폭력대화 책에서는 이것을 '자기충족적 예언'이라고 표현했습니다.

판단의 말 '너는 게으르구나.'를 듣고 '나는 게으른 사람이야.'라고 그런 삶을 살아버릴 수 있고, '너는 무척 부지런하구나.'를 듣고 부지런해지려고 부단히 노력할 수도 있습니다. 그러면 부지런하다는 판단은 긍정적 효과를 내는 대화일까요? 그럴 수 있기도 합니다. 하지만 타인의 판단에 맞추기 위해서 행동하는 것보다는 스스로 생각하고, 결정하여 삶을 꾸려 나가는 '자력'의 삶이 더 바람직하겠지요? 타인의 판단에 맞추기 위하여 자신이 원하지 않는 행동을 하는 사람들을 보았습니다. 그들은 언젠가는 힘든 시기를 겪으며 스스로의 길을 찾아야 할 것입니다.

위의 도덕주의적 판단의 말을 공감대화로 바꾸면,

'내가 이 책상 위를 보니까(상황) 정신이 없네.(느낌) 물건들이 제자리에 놓여지고 책상이 깨끗하기를 바라는데,(바람) 그렇게 할 수 있겠지? 혹은 너는 어떻게 생각하니?(부탁)'라고 할 수 있습니다.

공감대화는 비교하지 않고, 어떤 잣대를 가지고 판단하여 말하는 것을 멈추는 것입니다. 그리고 보이는 대로 말하면서 느낌을 말하세요. 원하는 상황을 자세히 설명하고, 부탁하거나 상대의 의견을 물어본다면 듣는 사람이 자력에 의해 행동하게 될 확률이 높습니다. 이렇게 공감대화를 하면 서로 이해하게 되고, 마음을 나누게 됩니다. 즉각적인 변화를 가져오지 않을 수 있습니다. 그럼에도 불구하고 공감대화로 소통하는 시간들이 쌓여가는 것이 중요하다고 생각합니다.

친구 별이를 만났습니다. 지난번 같이 만났던 친구 달이에 대해서 이렇게 말합니다.

'걔는 다른 사람을 생각하지 않고 마구 말해.'

친구 별이가 하는 판단의 말을 듣고 여러분은 어떤 느낌일까요?

친구 달이는 다른 사람을 생각하지 않고 마구 말했을까요? 그럴 수도 있고, 그렇지 않을 수도 있습니다. 다른 사람의 행동을 자신의 잣대로 판단한 별이의 말을 듣고 공감대화 나-상.느.바.부.를 한다면,

'내가 네 말을 들으니 좀 불편하네. 달이가 한 말에 대해 판단하기보다 느낌이 어떤지, 어떻게 말하기를 바라는지를 이야기해보고 싶은데, 네 생각은 어때?'라고 할 수 있습니다. 별이는 이 말을 듣고 스스로를 돌아보게 되겠지요?

만약 별이의 말을 듣고 불편하거나, 답답하지 않고 시원하게 느꼈다면 이렇게 말 할 수 있습니다.

'내가 네 말을 들으니 속이 시원하다. 지난번 달이의 말을 들으며 나도 엄청 불편했어. 다른 사람에 대한 비판보다는 느낌과 원하는 것을 말하기를 바랐거든. 어떻게 생각해?'

한나 아렌트는 '예루살렘의 아이히만' 책에서 아이히만이 나치정권에서 운송책임을 맡았던 일에 대한 재판과정을 적었습니다. 아이히만은 자신이 했던 일에 대한 책임을 묻는 법정에서,

"자신의 죄를 인정합니까?"라는 질문에,

"저는 잘못이 없습니다. 단 한 사람도 제 손으로 죽이지 않았으니까요. 죽이라고 명령하지도 않았습니다. 제 권한이 아니었으니까요. 저는 시키는 것을 그대로 실천한 하나의 인간이자 관리자였을 뿐입니다. 월급을 받으면서도 주어진 일을 열심히 하지 않았다면 양심의 가책을 받았을 것입니다"라고 답하며 자신은 책임이 없다고 했습니다.

그는 나치정권에서 많은 사람들을 죽음의 수용소로 이송하는 일을 했고, 이송지가 가득 찼다고 하자 열차에 가스실을 만들었습니다.

'저는 지시받은 업무를 잘 처리하기 위해서 열심히 일했을 뿐입니다. 제가 제작한 '열차' 덕분에 우리 조직은 시간 낭비 없이 일을 처리할 수 있었죠.'라고 했습니다.

재판에 참여한 정신과 의사 6명은 모두 아이히만에 대해,

'그는 나보다 더 정상이며, 준법정신이 투철한 국민이었다.'라고 했습니다.

이것을 지켜 본 한나 아렌트는,

'그는 아주 근면한 인간이다. 그리고 이런 근면성 자체는 결코 범죄가 아니다. 그러나 그가 유죄인 명백한 이유는 아무 생각이 없었기 때문이다. 타인의 고통을 헤아릴 줄 모르는 생각의 무능은 말하기의 무능을, 그리고 행동의 무능을 낳는다.'라고 악의 평범성에 대하여 적었습니다.

책임은 '맡아서 해야 할 임무나 의무, 어떤 일에 관련되어 그 결과에 대하여 지는 의무나 부담 또는 그 결과로 받는 제재(制裁)'로 사전에 나와 있습니다. 어떤 일에 책임을 진다는 것은 의무를 다 한다는 것이고, 결과에 대해서 '내 탓이다'라고 인정하는 것입니다.

직장 상사가 부하 직원에게 '거짓말로 둘러대서 고객을 안심시켜.'라고 명령했을 때 그 책임은 누구에게 있을까요? 거짓말을 지시한 상사인가요? 거짓말 한 부하 직원인가요? 제가 생각하기에 두 사람 모두에게 책임이 있습니다. 부하 직원은 책임을 회피하기 위하여,

'나는 상사가 시켜서 거짓말을 했을 뿐입니다. 나는 책임이 없어요.'라고 말할 수 있습니다.

공감대화법은 모든 책임을 자신에게서 찾도록 하고, 그렇게 말하도록 합니다. 생각을 할 수 있는 사람이 되도록 말하는 것입니다. 상사가 시켜서 거짓말을 한 것이 아니라, 거짓말을 하면서라도 내 직장에서 일하기를 원하기 때문에 상사가 시키는 대로 한 것입니다. 거짓말을 한 책

임은 나에게 있다고 인식하는 것입니다.

주부라서 밥을 하는 것이 아닙니다. 누구나 밥을 할 수 있고, 하면 됩니다. 밥을 하기로 선택했다면 바라는 것이 있기 때문입니다. 자신의 식욕을 충족하기 위하여, 자신의 건강을 위하여, 타인의 식욕을 충족시키기 위하여, 타인의 건강을 위하여, 음식을 함께 먹는 화목한 시간을 갖기 위하여, 밥을 하는 과정을 즐기기 위하여 등의 바람이 있을 것입니다.

아직도 우리 사회는 '~라서'의 전제로 책임을 부여하고, 행동을 제한합니다. 주부라서, 남편이라서, 자녀라서, 노인이라서, 이혼해서, 성소수자라서, 사투리를 써서, 사회적 신분이 어떤 것이라서… 등의 책임을 지우고, 예단하는 상황을 인식하고 바꿔야 한다고 생각합니다. 그 사람, 그 자체를, 그대로 인정하는 것이 어떨까요?

직장인인데 살림은 거의 하지 않는 아내는 직무유기일까요?
남편이라서 못 박고, 형광등 가는 일을 당연히 해야 할까요?
장남이어서 부모에 대한 책임을 다른 형제보다 더 가져야 할까요?
차녀는 부모에 대한 부담이 없다고 말하면 수긍할 수 있을까요?
타워크레인 운전기사가 되려고 하는 여자를 말려야 할까요?
장래 꿈이 유치원 교사라고 말하는 고등학교 남학생을 보면 놀라세요?
교사가 체크무늬바지에 빨간 와이셔츠, 미키마우스 넥타이를 하면 고개를 갸우뚱하세요?
이혼한 사람은 우울해야 할까요?
성소수자는 자신의 취향을 드러내면 안 되나요?
사투리를 쓰는 사람은 표준어로 바꾸도록 노력해야 할까요?
상대의 사회적 신분에 따라 대하는 마음가짐이 달라지나요?

형제 중 누구라도 부모에 대한 책임을 맡으면 되고, 여자든 남자든 성별을 이유로 하지 않고 자유로이 선택하고 그 길로 신나고 행복하게 가면 될 것입니다. 선생님도 기분에 따라 옷을 자유로이 선택할 수 있습니다. 빨간 와이셔츠에 미키마우스 넥타이를 맨 선생님을 '선생님이 왜 저러지? 이상해…'는 말을 멈추고, '저는 선생님의 옷차림이 놀랍습니다, 선생님은 어떤 느낌이세요?'라고 말하면 됩니다. 사투리가 익숙하고 자랑스러우면 굳이 표준말을 하려고 노력해야 할까요? 그 지방의 사투리는 말투가 강하고, 소리가 크다는 것을 이해하면 되겠지요? 만나는 사람의 신분이 무엇인가에 따라 마음가짐이 달라지는 삶을 생각하면 서글픈 느낌이 듭니다.

'칭찬은 고래도 춤추게 한다' 책은 제목만으로 우리나라 사람의 인식을 바꾸었다고 생각합니다. 칭찬을 받는 사람이 쑥쑥 성장할 것이라고 생각하게 되었습니다. 하지만 칭찬의 폐해에 대해서 많은 이론과 연구 결과가 나오고 있습니다. 칭찬이 과하게 되면 부담이 될 수 있으며 자력을 해칩니다. 공감대화에서는 칭찬이 평가이기 때문에 하지 않아야 한다고 설명합니다. 자력, '스스로 할 수 있는 힘'을 키우는 가장 적절한 방법은 질문하고, 소통하는 것입니다. 질문은 생각하게 합니다. 그 생각을 말했을 때 상대가 공감해준다면 생각은 뭉게뭉게 피어오를 것입니다. 다양한 방면으로 피어오른 생각들이 창의성의 원천입니다. 칭찬하기 전에 생각해보세요, 이 칭찬이 적절한가를! 칭찬보다 그 때의 상황을 말하고, 느낌을 나누는 것이 자력이 쌓이는 길입니다.

아래는 소통을 방해하는 말입니다.

소통을 방해하는 말	
도덕주의적 비판/비난	그 아이는 게을러서 정리를 못해
	그 사람은 말을 할 때 다른 사람을 생각하지 않고 마구 말해
	네가 이럴 줄 알았어...
	당신이 그렇지 뭐...
비교	동생은 안 그러는데 너는 왜 그러니?
책임 부정	윗사람이 시켜서 거짓말을 했을 뿐이야
	원래 해오던 대로 했어. 원칙은 아니지만 해오던 것이라서...
	주부라서 밥을 해야 하는 거야
강요	남자는 울면 안 돼
	여자니까 얌전하게 행동하는 거야
	장남은 책임감이 있어야 해
평가(칭찬도 평가)	너는 참 느리구나 / 잘했어 / 참 멋있구나
명령	일어나 / 빨리 해

흔히 듣고, 자주 말하는 문장입니다. 우리가 이런 말들을 자연스럽게 하는 것은 부모가 이런

말을 사용했기 때문이고, 사회에서 자주 쓰이기 때문입니다. 소통을 방해하는 말은 듣는 사람을 위축되게 하며, 자존감을 낮추며, 자력을 키울 수 없게 하고, 마음을 닫게 하고, 비난의 말을 던지도록 합니다.

공감대화로의 변화에서 가장 먼저 해야 할 것은 명령을 질문으로 바꾸는 것이라고 생각합니다. 질문은 명령으로만 움직이던 '인간로봇'을 '생각하는 인간'으로 만듭니다. 질문을 받으면 생각합니다. 생각하고 말하게 하고, 생각하고 움직이게 하는 것이 질문입니다. 질문하기는 공감대화의 큰 첫 걸음입니다.

폭력대화를 하는 사회에서는 폭력대화가 그물망처럼 연결되어 퍼져 나갑니다. 한 사람이라도 폭력대화를 끊고 비폭력으로, 공감으로 대화를 시도한다면 그 자리부터 공감대화가 그물망처럼 퍼져나갈 것입니다. 그 한 사람이 되는 자리에 서시기 바랍니다.

> **당신이 하는 다음 말이**
> **당신의 세상을 바꾼다**
>
> - '갈등의 세상에서 평화를 말하다' 마샬 로젠버그 -

연습하기 - 소통을 방해하는 말을 공감대화로 바꾸기

소통을 방해하는 말	상황을 상상해서 적기	공감대화 (소통을 방해하는 말 → 나-상.느.바.부.)
그 아이는 게을러서 정리를 못해!	친구가 집에 와서 내 동생 방을 보았을 때 내가 한 말	나는 내 동생 방을 보면 속이 터져. 그 아이가 정리할 줄 알게 되길 바라
그 사람은 말을 할 때 다른 사람을 생각하지 않고 마구 말해!		
네가 이럴 줄 알았어...	친구가 약속에 30분 늦게 왔을 때 내가 한 말	나는 네가 제 시간에 오길 바랐거든! 짜증나~
당신이 그렇지 뭐...		
동생은 안 그러는데 너는 왜 그러니?		
윗사람이 시켜서 거짓말을 했을 뿐이야...		
원래 해오던 대로 했어. 원칙은 아니지만 해오던 것이라서...		
주부라서 밥을 해야 하는 거야!		

소통을 방해하는 말	상황을 상상해서 적기	공감대화 (소통을 방해하는 말 → 나-상.느.바.부.)
남자는 울면 안 돼!		
여자니까 얌전하게 행동하는 거야!		
장남은 책임감이 있어야 해!		
너는 참 느리구나!		
잘했어!	7살 아이에게 휴지를 휴지통에 버려달라고 했고, 버렸을 때 내가 한 말	휴지통에 넣었구나, 고마워~
참 멋있구나!		
시키면 시키는 대로 좀 해!		
빨리 좀 와!		
옷 좀 잘 입어라!		

간단 공감대화

고등학교 학생들에게 공감대화를 강의하면서 대화와 잔소리가 어떻게 다르냐고 물었습니다. 한 학생이 자신 있게 '대화는 서로 말하는 것이고, 잔소리는 일방적으로 말하는 것이에요.' 라고 했습니다. 대화와 잔소리의 차이를 정확히 인식하고 있었습니다.

그리고 '잔소리라는 단어를 들으면 떠오르는 사람을 써볼래요?' 라고 했습니다. 예상대로 '엄마' 라는 답이 압도적으로 많았습니다. 서글픈 우리의 현실입니다.

이 두 질문을 합치면 자녀에게 일방적으로 말을 하는 사람은 주로 엄마이고, 엄마의 말은 주로 잔소리인 것입니다. 잔소리를 반복하는 엄마들은, 보호자들은, 혹은 어른들은 무슨 생각으로 그렇게 할까요? 그 말들이 자녀들과의 관계를 나아지게 한다고 믿고 있는 것일까요?

지금 우리 사회의 어른들은 그렇게 말하는 법 밖에 모르기 때문이라고 생각합니다. 그렇지 않다면 관계를 악화시키는 잔소리를 입에 달고 있을 수는 없을 것입니다. 저도 마찬가지고, 대부분의 사람들이 어떻게 말해야 서로 마음을 열고 소통할 수 있는가를 알지 못하고 컸습니다. 왜냐하면 어른들이, 우리 사회의 사람들이 주로 명령하고, 비난하고, 평가하고, 남 탓하는 말들을 했기 때문에 저절로 배운 것입니다.

지금 우리 사회에 주목해야할 문제점은 행복지수 최하위와 자살률 9년째 1위의 통계수치(2015년 기준)로 표현되고 있습니다. 바람직한 부분은 유지 및 지속해야 하고, 바람직하지 못한 부분은 개선해가야 하는데 개선을 위해서는 제도가 바뀌어야 하는 부분이 있고, 개인이 바뀌어야 하는 것도 있을 것입니다. 개인이 바뀌어야 하는 것 중 하나가 '말하는 방법 바꾸기' 라고 생각합니다.

공감대화 심화책은 마샬 로젠버그의 '비폭력대화' 를 우리 생활에 적용하여 쉽게 말을 바꿀 수 있는 여러 방법을 적고 있습니다. 공감대화 기초책에서 나-상.느.바.부.를 알고 나를 표현하는 것을 먼저 연습하였고, 그 후 너-상.느.바.부.로 말하는 것을 연습하였습니다. 내가 하는 말들이 기린의 말인지 자칼의 말인지를 분석해보았고 스스로에게 연민하기를 해보았습니다. 이 과정을 통하여 생각하고 말하기가 조금씩 될 것입니다. 이 힘이 기존의 폭력대화를 조금씩 밀어내고 있는 것이라고 생각합니다.

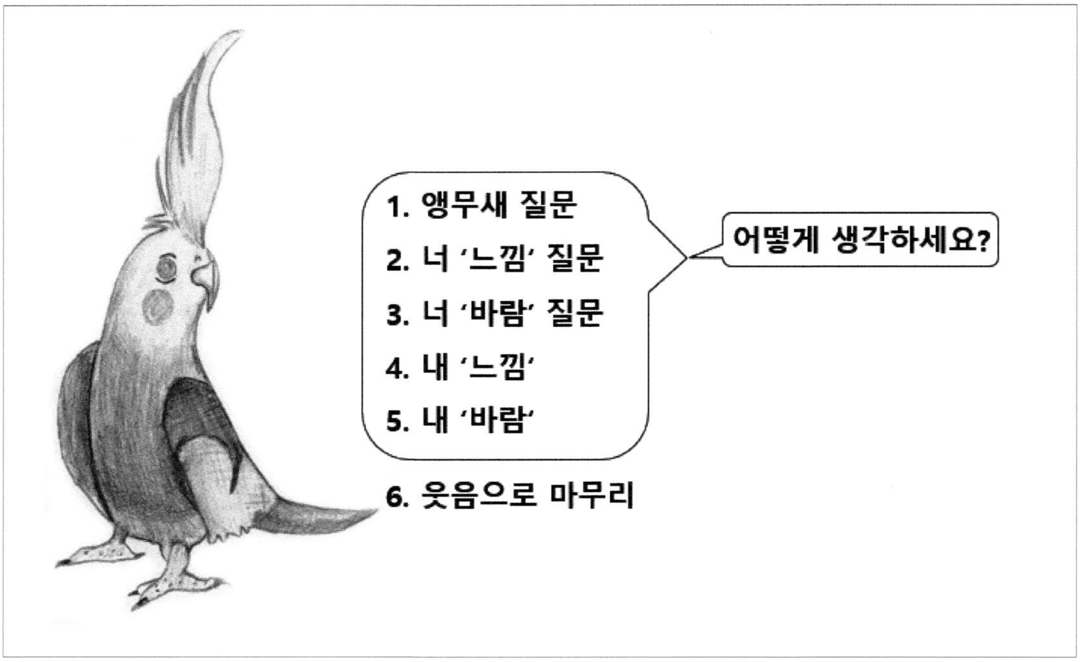

실생활에서 나-상.느.바.부.와 너-상.느.바.부.를 연속으로 말하는 것은 드뭅니다. 짧게 말을 주고받다가 상세한 바람을 말하는 것이 효과적입니다. 그래서 짧게 말을 주고받는 공감대화의 방법을 간단하게 정리했습니다.

간단 공감대화의 방법은,
상대의 말을 들었을 때
* **앵무새 질문**을 하세요. 상대가 답을 하면
* **너 '느낌'**을 물어보세요. 다시 상대의 답을 들은 후
* **너 '바람'**을 물어보세요. 2번과 3번이 떠오르지 않으면 혹은 내 말을 하고 싶으면
* **내 '느낌'** 혹은 **내 '바람'**을 말해도 됩니다.
* **어떻게 생각하세요?** 질문은 1~5번 사이 알맞다고 생각될 때 하세요.
* **웃음으로 마무리**를 대화의 끝에 하세요.

상대의 말을 들었을 때 **1. 앵무새 질문**을 꼭 하길 바랍니다. 그 후 2~5번의 말은 순서 없이 떠오르는 대로 하면서 알맞은 때에 **'어떻게 생각하세요?'**를 사용하면 핑퐁의 대화, 소통의 대화가 됩니다.

대화하면서 상대의 말을 들었을 때는 일단 **1. 앵무새 질문**을 하세요. 앵무새 질문은 소통이 시작되는 말입니다. 듣는 사람이 공감을 받았다고 생각되는 말입니다. 마음이 열리는 말입니다. 앵무새 질문은 '그렇구나?', '그랬어?'로 줄일 수도 있습니다.

혹시 상대가 부정의 답을 하면, 그 부정의 답에 다시 앵무새 질문을 하면 됩니다. 매 순간 집중하며 상대의 변화에 따라가면 됩니다.

친구가,
'오늘 바빠서 점심도 못 먹었어.'라고 하면,
'바빠서 점심도 못 먹었구나?' (앵무새 질문)
'응.'
'배고프겠다…' (너 '느낌' 질문)
'응, 배고파 쓰러지겠어. 맛있는 것 먹자.'
'배고파 쓰러질 정도구나? 맛있는 것 먹고 싶어?' (앵무새 질문+너 '바람' 질문)
'응.'
'그런데 나는 점심을 늦게 먹어서 배가 안 고파.' (내 '느낌')
'그래?'
'응, 나는 지금 안 먹고 싶어. 네가 먹고 싶은 것만 어서 시키자. 어떻게 생각해?' (내 '바람'+ 어떻게 생각해?)
'그러자, 뭐 먹을까… 음…'

위 대화에서 친구가 부정의 답을 하였을 때는 아래와 같이 대화가 변할 수 있습니다.
'오늘 바빠서 점심도 못 먹었어.'
'바빠서 점심도 못 먹었구나?' (앵무새 질문)
'응.'
'배고프겠다…' (너 '느낌' 질문)
'아니, 그런데 배가 하나도 안 고프네, 스트레스를 받아서 위가 멈췄나봐.'
'스트레스 받아서 배고픈 것이 안 느껴지는구나?' (앵무새 질문)
'응, 먹고 싶은 생각도 없어.'
'아, 먹고 싶은 생각이 안 날 정도구나… 나는 네 건강이 걱정되네…' (앵무새 질문+내 '느낌')

간단 공감대화의 마지막이 웃음으로 마무리입니다. 대화를 마무리 할 때는 웃음으로 하시기 바랍니다. 웃음이 반복되고 습이 되어 삶을 바꿀 것입니다. 어떤 종류의 대화라도 재치를 넣어 마무리하며 웃을 수 있습니다. 평소에 재치 있는 표현을 익혀두는 것이 도움 될 것입니다.

때로 불편한 대화를 나누었더라도,

'다음에는 서로 이해의 폭이 넓어져서 불편한 말들을 안 하길 바라. 너도 그렇지?' 라고 하며 웃고,

화를 내는 대화를 했더라도,

'내 느낌을 말하기 전에 상대의 느낌을 알아채려고 노력해볼게. 그것을 먼저 물어본 후 화를 공감대화로 표현할게! 다음에는 더 나아질 것을 기대해줄래?' 라고 하며 웃으시기 바랍니다.

친구와의 대화에서 친구만 식사를 한 후,

'배가 부르니 내 얼굴이 제대로 보이지?' 라고 하며 웃으면 될 것이고, 친구가 배가 고프지 않다고 하여 이야기를 더 나누고 난 후,

'금강산도 식후경인데 뭔가 먹고 심오한 대화를 더 나누고 싶은데 어때?' 라고 하며 웃으면 될 것으로 생각되는데 어떠세요?

> **상대방이 어떤 일을 하지 못하도록 하는 것이 우리의 유일한 목적일 때 우리는 언제나 힘을 잃는다.**
>
> – '갈등의 세상에서 평화를 말하다' 마샬 로젠버그 –

연습하기 - 간단 공감대화

간단 공감대화	(현재의 나) 친구가 어이없는 표정으로 말한다. '좀 전에 발을 밟혔는데, 그 사람이 뒤돌아서 나를 빤히 쳐다보면서 아무 말도 안 하더라고...'	(6살 아들) 아빠, 하늘에 해가 몇 개야?	(17살 자녀) 엄마, 나는 명령을 들으면 기운이 빠져요. 질문으로 말해주실래요?	(직장인) 동료가 며칠 전에 알려준 것을 잊어버리고 오늘 일하면서 실수를 했다. 동료는 '알려준 것을 잊어버렸어? 메모 좀 해라...'
앵무새 질문	아무 말 없이 너를 빤히 쳐다봤어?			
너 느낌 질문	어이없었겠네?			
너 바람 질문	정중히 사과해주기를 바랐지?			
내 느낌	내가 그 이야기를 들으니 어이없다...			
내 바람	내 의견을 말해도 될까?			
어떻게 생각하세요?	어때? 들어볼래?			
웃음으로 마무리	그 사람에게 '놀라셨어요?' 하고 웃었으면 어땠을까? 하하하			

1주차 스스로 학습하기

하루 1회 소통을 방해하는 말을 적고 공감대화로 바꾸기

일차	소통을 방해하는 말	공감대화
1일차		
2일차		
3일차		
4일차		
5일차		

하루 1회 앵무새 질문 연습하기

일차	내가 들은 말	내가 한 앵무새 질문
1일차		
2일차		
3일차		
4일차		
5일차		

간단 공감대화 연습하기

간단 공감대화	사례 :	사례 :
앵무새 질문		
너 느낌 질문		
너 바람 질문		
내 느낌		
내 바람		
어떻게 생각하세요?		
웃음으로 마무리		

의도적으로 '느낌' 단어 사용하기

일차	'느낌' 단어	사용 문장 1개 적기
1일차	곤란한	
	스스로 고른 '느낌' 단어 ______________	
2일차	혼란스러운	
	스스로 고른 '느낌' 단어 ______________	
3일차	단절된	
	스스로 고른 '느낌' 단어 ______________	
4일차	거북한	
	스스로 고른 '느낌' 단어 ______________	
5일차	지루한	
	스스로 고른 '느낌' 단어 ______________	

공감대화 표 활용

공 감 대 화		
사례 :		
나 : 비난 / 평가하지 않으면서 솔직하게 나를 표현		**너 :** 상대방의 말을 비난 / 평가가 아닌 공감으로 듣고 상대를 짐작하여 표현
제가 ~~ 을 (보거나, 듣거나...) 했을 때	상황	당신이 ~~을 (보거나, 듣거나...) 했을 때
~~하게 느낍니다.	느낌	~~을 느끼십니까?
~~을 바라기 때문입니다.	바람	~~을 바라기 때문이지요?
~~해주시겠어요?	부탁	~~을 하기를 바라십니까?

나를 키우는 말

이해인

행복하다고 말하는 동안은
나도 정말 행복해서
마음에 맑은 샘이 흐르고

고맙다고 말하는 동안은
고마운 마음 새로이 솟아올라
내 마음도 더욱 순해지고

아름답다고 말하는 동안은
나도 잠시 아름다운 사람이 되어
마음 한 자락이 환해지고

좋은 말이 나를 키우는 걸
나는 말하면서
다시 알지

2 주차

이렇게 말하면 통하는

공감대화 심화과정 공부하기

- 사례를 통한 공감대화 연습하기
- 공감으로 연결하는 것을 방해하는 대화
- ‘화’가 나면 이렇게 하겠습니다
- 시나리오 만들고 역할놀이 하기

사례를 통한 공감대화 연습하기

사례: (상황만 적으세요)

상황을 적은 사람 :

너-느낌	너-바람	너-부탁

공감으로 연결하는 것을 방해하는 대화

친구와 천천히 걸으며 이야기를 나눕니다. 친구가,

'사무실에서 한 사람하고 불편한 관계가 계속되다가, 어제는 내가 드디어 폭발해버렸어. 다시는 당신하고 말하고 싶지 않다고 소리 질렀거든....'

친구가 이렇게 불편했던 일을 털어놓는다면, 어떤 말로 공감해야 할까요?

공감해주는 것은 상대와 같이 되어보는 것입니다. 그 때 상대의 '느낌'과 그 느낌이 생기게 된 '바람'을 짐작해주는 것입니다. 상대의 말을 듣고, 깊이 상황을 관찰하면 '느낌'과 '바람'을 알 수 있습니다. 나의 '느낌'과 '바람'을 찾는 것도 쉽지 않은데, 다른 사람의 '느낌'과 '바람'을 짐작하는 것은 물론 어렵습니다. 그래서 틀릴 수도 있습니다. 비슷할 수도 있습니다. 딱 맞출 수도 있습니다. 틀려도, 비슷해도, 딱 맞추어도 다 공감해주는 것입니다. 내가 상대에게 한 걸음 다가간 것이므로 모두 공감입니다. 틀렸다면, 다시 한 걸음 다가가면 되고, 비슷하다면 방향을 조금 고치면 됩니다.

친구에게,

'불편한 사람에게 드디어 폭발했구나?'

'그 사람과 다시는 말하고 싶지 않았구나?'

'더는 참을 수가 없을 정도로 화났었구나?'

'사무실에서 이런 상황이 생겨서 힘들겠다...'

라고 공감하는 말을 하면 됩니다.

공감을 받은 친구는 마음이 열립니다. 상황을 더 설명하려고 할 것입니다. 솔직하게 다음 말을 이어갈 것입니다. 친구는 계속 말을 하면서 자신을 더 깊이 들여다보게 되지요. 공감을 받으면 깊은 대화를 나눌 수 있는 기회가 만들어집니다. 말을 하는 사람은 대부분 스스로 답을 찾게 됩니다. 친구의 말을 계속 들으면서, 계속 공감만 하면 됩니다.

친구의 말을 듣고 바로 아래와 같은 말은 하지 않으시기 바랍니다. 마음을 열 수 없게 하기 때문입니다.

'그 때 참았으면 더 좋았을 텐데... 너는 참을성을 좀 더 길러야 해.'

'지난번에도 폭발하고 후회하더니 이번에도 또 그럴 것 같은데...'

'나도 어제 비슷한 일이 있었는데...'

'너는 잘못한 것 없어. 진작 그랬어야 해.'

'그만 생각해. 그런 사람하고는 앞으로 절대 말하지 말아버려.'

이런 말을 바로 하는 것은 공감으로 연결되는 것을 방해합니다.

'비폭력대화' 책의 공감으로 연결하는 것을 방해하는 대화	
조언하기	내 생각에는 너는 ~ 해야 해
한 술 더 뜨기	그건 아무 것도 아니야, 나는 더한 일이 있었는데...
가르치려 들기	이건 네게 좋은 경험이 될 거야, 여기서 배워!
위로하기	네 잘못이 아니야, 너는 최선을 다 했잖아.
다른 이야기 꺼내기	그 말을 들으니 다른 이야기가 생각난다.
말을 끊기	그만하고 잊어버려. 기운 내.
동정하기	안 됐구나, 어쩌면 좋으니...
심문하기	언제부터 그런 거야?
설명하기	내가 보기에 그게 어떤 거냐 하면...
바로잡기	그건 네가 잘못 생각한 거야. 이렇게 생각해야 해...

공감은 동감과는 다릅니다. 그 사람과 같은 느낌일 때 동감입니다. 내가 그 사람과 같은 느낌은 아니지만, '그 사람이 그렇게 느낄 수 있겠구나'라고 알아차리면 공감입니다. 공감은 굳이 말하지 않아도 됩니다. 상대의 손을 꼭 잡아주거나, 상대의 어깨에 손을 얹어주어도 됩니다. 이런 행동도 공감하기입니다.

그런데 친구가 이 상황을 다르게 보길 바라거나, 이 상황을 통하여 성장하길 바라거나, 비슷한 다른 사례를 알려주어 사고의 폭을 넓혀주고 싶을 때가 있습니다. 그럴 때는,

첫째, 충분히 공감 받았다고 생각될 때까지 의견 말하는 것을 미루고 공감해주어야 합니다.

둘째, 충분히 공감 받았다고 생각되면 그 때의 느낌을 물어봅니다.

셋째, 충분히 공감 받아 감정이 가라앉았다면 내 의견을 말해도 되는지 물어봅니다.

넷째, 내 의견을 말하고, 어떻게 생각하는지 물어봅니다.

충분히 공감을 받았다는 것은 말이 느려지거나, 잠시 침묵이 흐르는 상황이 될 때일 것입니다. 그 때 친구에게,

'말하고 나니 좀 편안해졌어?'

'응... 그런 듯...'

'지금 이 상황에서 내가 하고 싶은 말이 있는데, 들어볼래?'라고 물어보아야 합니다.

내 조언, 위로, 설명, 사례 말하기 등이 친구에게 도움이 된다고 생각하면, 들을 수 있는 상태인지, 들을 생각이 있는지 묻고 말해야 합니다.

친구가,

'응. 들어볼게. 뭔데?'라고 할 때 내가 하고 싶은 말을 하면 됩니다.

만약 친구가,

'아니, 말하지 마.'

'내 말이 더 남아있어.'

'오늘은 아무 말도 듣고 싶지 않아.' 등으로 대답하면 내가 하고 싶은 말을 멈추어야 합니다. 방수복을 입고 있는 사람에게 물을 뿌린다면 물이 들어갈 수 있을까요? 들을 준비가 되어있지 않은 사람에게 조언을 한다고 해서 도움이 될까요?

물론 친구가 먼저,

'너는 어떻게 생각해?'

'내게 조언을 해줄래?'

'나는 지금 위로가 필요해!' 등 물어보면 답을 하면 됩니다. 상대가 묻기 전에 위의 표에 있는 '공감으로 연결하는 것을 방해하는 대화'는 하지 않으시기 바랍니다.

말을 한다는 것은 치유와 성장의 방법 중 하나입니다. '임금님 귀는 당나귀 귀'라는 동화에서도 말을 하지 못했을 때의 답답함이 나옵니다. 정신과 치료와 상담의 시작은 말을 편안하게 할 수 있도록 자리를 마련하여 주는 것입니다. 마음 열고 말을 할 수 있으면 치유의 시작입니다. 내면에서 우러나온 치유의 힘이 어떤 치유의 방법보다 강할 것으로 예상됩니다. 공감대화의 너-상.느.바.부.는 상대의 마음이 열리도록 하는 말입니다. 경청하고, 공감해주어 치유의 힘이 생기도록 돕는 경험을 통해 환희로움을 느껴보기 바랍니다.

일상의 대화를 통하여 마음을 열고, 편안해지고, 성장할 수 있다는 것은 경이로운 일입니다.

공감대화는 나의 말을 알게 되고, 그것이 익숙해지면 말을 하기 전에 '내가 원하는 것이 무엇인가?', '이 말이 내가 원하는 것에 도움이 되는 말인가?', '지금, 내가 원하는 것을 위하여 무엇을 해야 하는가?'를 생각하게 합니다. 공감대화는 그런 과정을 경험하며 스스로를 반듯하게 설 수 있도록 하며, 상대도 함께 성장하도록 합니다.

> 주의 깊게 들으며(경청) 공감(너-상.느.바.부.)을 한 후
> 내 말을 들을 수 있는지 물어보고, 듣겠다고 하면
> 조언, 위로, 설명, 사례 말하기 등을 하는 것이
> 소통의 지름길이다

연습하기 - 공감으로 연결되는 것을 방해하는 대화를 하기 전 물어보기

공감으로 연결하는 것을 방해하는 대화	말하기 전 물어보기 -. 상대의 느낌 -. 내가 00을 해도 될까?	공감대화 (나의 말 + 어떻게 생각해?)
조언하기 : 내 생각에는 너는 ~해야 해	-. 상대의 느낌 말하고 나니 좀 편안해졌어? -. 내가 00을 해도 될까? ________________	조언 + 어떻게 생각해? (나는 네가 이 상황을 예민하지 않게 받아들이기를 바라. 어떻게 생각해?)
한 술 더 뜨기 : 그건 아무 것도 아니야, 나는 더한 일이 있었는데	-. 상대의 느낌 말하고 나니 좀 홀가분해졌어? -. 내가 00을 해도 될까? ________________	더 한 이야기 + 어떻게 생각해? (나는 그것보다 훨씬 더한 일이 있었어. 뭐냐면... 내 말을 들으니 어때?)
가르치려 들기 : 이건 네게 좋은 경험이 될 꺼야. 여기서 배워	-. 상대의 느낌 말하고 나니 좀 화났던 감정이 가라앉았어? -. 내가 00을 해도 될까? ________________	의견 말하기 + 어떻게 생각해? (나는 이 일이 네게 좋은 경험이 되길 바라, 어떻게 생각해?)
위로하기 : 네 잘못이 아니야, 너는 최선을 다했잖아	-. 상대의 느낌 말하고 나니 좀 후련하니? -. 내가 00을 해도 될까? ________________	위로 + 어떻게 생각해? (나는 이 일이 네 잘못이 아니라고 생각해. 너는 최선을 다 했다고 보이는데, 어떻게 생각해?)

다른 이야기 꺼내기 : 그 말을 들으니 이 이야기가 생각난다	-. 상대의 느낌 말하고 나니 좀 시원해? -. 내가 00을 해도 될까?	다른 이야기 + 어떻게 생각해? (내가 생각나는 이런 이야기가 있어. ..... 이 이야기를 듣고 나니 어때?)
말을 끊기 : 그만하고 잊어버려. 기운 내	-. 상대의 느낌 말하면서 그 때 감정이 다시 올라오니? -. 내가 00을 해도 될까?	말을 멈추게 하고 + 어떻게 생각해? (나는 이 일에 대해 더 이상 말하지 않는 것이 네게 도움이 될 것으로 생각되는데, 어떻게 생각해?)
동정하기 : 안됐구나, 어쩌면 좋으니….	절대로 하지 않기!	
심문하기 : 언제부터 그런 거야?	-. 상대의 느낌 말하고 나니 좀 풀렸어? -. 내가 00을 해도 될까?	궁금한 것 묻기 (언제부터 그런 것인지 궁금한데, 말해줄 수 있어?)
설명하기 : 그게 어떤 거냐 하면,	-. 상대의 느낌 말하고 나니 좀 편안해졌어? -. 내가 00을 해도 될까?	의견 말하기 + 어떻게 생각해? (나는 그 사람의 말이 고의가 아니고 무의식에서 나온 것으로 보이는데, 어떻게 생각해?)
바로잡기 : 그건 네가 잘못 생각한 거야. 이렇게 생각해야 해	-. 상대의 느낌 말하고 나니 좀 안정되니? -. 내가 00을 해도 될까?	의견 말하기 + 어떻게 생각해? (나는 이렇게 생각해보기를 바라는데, 어떻게 생각해?)

화가 나면 이렇게 하겠습니다

화가 났을 때
다른 사람을 비난하고, 때리고, 상처 입히는 것은
우리 안에서 일어나는 일의 피상적 표현이다.

공감대화는
분노를 무시하거나, 억누르거나, 삼키라고 권하지 않는다.
오히려 분노의 핵심을 완전하게 이해해서 더 충분히 표현하도록 한다.

화가 나는 것은 다른 사람들 때문이 아니다.
다른 사람은 나의 바람을 자극한 것일 뿐이다.
화가 나는 원인은 나의 '바람'이므로
자극과 원인을 분명히 구별하는 것이 중요하다.

모든 분노에는 삶에 기여하는 에너지가 있다.

-마샬 로젠버그 '비폭력대화'-

공감대화로 화를 표현하는 4단계를 적어보세요	
1단계	
2단계	
3단계	
4단계	

연습하기 - 화가 나면 이렇게 하겠습니다.

공감대화로 화를 표현하는 4단계 사례 : 교도소의 재소자 욘은 3주 전 교도관에게 목공 교육을 받게 해달라고 부탁했는데 여태 답이 없다. (비폭력대화 책의 사례로 정리)	
1단계	일단 멈추고 숨을 크게 쉰다
2단계	3주나 지났는데 답이 없다니... 화가 나! 화가 난다구! 교도관들은 내가 죄수라고 무시해! 저들은 사람들을 전혀 존중하지 않아! 그들은 무지하고, 자기들만 생각하는 비인간적인 관료주의자들이야! 그들은 복지부동하는 공무원이야!
3단계	나는 목공 교육이 필요해. 그 교육을 받아야 사회에 나가서 자리 잡을 수 있어.
4단계	(교도관에게) 나는 목공 교육이 필요해요. 교육을 받아야 사회에 나가서 자리 잡을 수 있다고 생각해요. 교육을 받지 못하고 교도소를 나가면 다시 들어올 것이 뻔해서 두려워요. 제가 교육을 받을 수 있는지를 알고 싶은데, 확인해주실래요?

공감대화로 화를 표현하는 4단계 사례 : (40대 아내) 결혼 후 10년 명절 때마다 시댁에 먼저 갔다. 이번 명절에는 우리 집부터 가고 싶다. 세상이 변하고 있고, 우리 가족도 변해야 한다고 생각한다. 홀수 해에는 시댁 먼저 가고, 짝수 해에는 친정부터 가자고 남편에게 말하니, '당신 왜 그래? 페미니스트야? 하던 대로 하자 좀!' 이라는 말을 듣고 화가 났다.	
1단계	
2단계	
3단계	
4단계	

<table>
<tr><th colspan="2">공감대화로 화를 표현하는 4단계
사례 : (18세 청소년) 투표를 할 수 있는 나이가 19세에서 18세로 바뀌었다. 하지만 나는 정치에 관심이 없다. 부모가 정치에 관심을 가지라고 잔소리를 한다. 오늘도 정치 이야기를 하면서 자신의 의견을 강요하는 것을 듣고 화가 났다.</th></tr>
<tr><td>1단계</td><td></td></tr>
<tr><td>2단계</td><td></td></tr>
<tr><td>3단계</td><td></td></tr>
<tr><td>4단계</td><td></td></tr>
</table>

<table>
<tr><th colspan="2">공감대화로 화를 표현하는 4단계
사례 : (　　　　)</th></tr>
<tr><td>1단계</td><td></td></tr>
<tr><td>2단계</td><td></td></tr>
<tr><td>3단계</td><td></td></tr>
<tr><td>4단계</td><td></td></tr>
</table>

시나리오 만들고 역할놀이 하기

아래 일상대화 사례의 시나리오를 읽은 후
공감대화 시나리오를 만들어 보세요.
그리고 역할놀이를 해보세요.
(공감대화 시나리오에서 '공'이라고 적힌 사람이 공감대화의 달인입니다-)

사례 – 중학교 1학년 아들이, 'I난 아이돌이 될 거야!'라고 하며 바로 신나게 춤을 추기 시작한다!		
일상대화 시나리오		
중학생 아들		나는 아이돌이 될 거야!
아빠		아이돌은 아무나 하냐?
중학생 아들		왜? 난 못 할 것 같아?
아빠		몸이 일단 말라야 하는데, 너는 아니지? 그리고. 춤 잘 춰? 얼굴은?
중학생 아들		살 빼면 되지, 춤은 이만 하면 합격, 얼굴도 뭐 이만 하면... 헤헤헤
아빠		아이고, 제 눈에 안경이구만!
중학생 아들		아빠는 왜 내 꿈을 짓밟고 그래? 아빠 맞아?
아빠		꿈이 꿈같아야 인정을 하지...
중학생 아들		완전 꼰대야~
아빠		나 꼰대 아니다! 이래봬도 어느 세대와도 소통 잘 한다고!
중학생 아들		그런데 왜 나한테는 맨날 잔소리야?
아빠		너 잘 되라고 잔소리 한 거지.
중학생 아들		잔소리해서 잘 되면 이 세상 모든 아이들이 잘 됐겠지.
아빠		너도 부모 돼 봐라...
중학생 아들		난 부모 되면 잔소리 안 할 거야! 아들이 하자는 것을 다 지지할 거야.
아빠		아들아, 이 아빠도 그러고 싶단다... 에효...

공감대화 시나리오		
중학생 아들		나는 아이돌이 될 거야!
아빠	공.	(앵무새 질문)
중학생 아들		
아빠	공.	
중학생 아들		
아빠	공.	
중학생 아들		
아빠	공.	
중학생 아들		
아빠	공.	
중학생 아들		
아빠	공.	
중학생 아들		
아빠	공.	
중학생 아들		
아빠	공.	
중학생 아들		
아빠	공.	
중학생 아들		
아빠	공.	
중학생 아들		
아빠	공.	
중학생 아들		
아빠	공.	
중학생 아들		
아빠	공.	
중학생 아들		
아빠	공.	
중학생 아들		
아빠	공.	
중학생 아들		
아빠	공.	
중학생 아들		
아빠	공.	
중학생 아들		
아빠	공.	
중학생 아들		

2주차 스스로 학습하기

하루 1회 말을 하기 전에 물어보기

일차	상황	말하기 전 물어보기 -. 상대의 느낌 -. 내가 00을 해도 될까? -. 나-상.느.바.부. + 어떻게 생각하세요?
1일차		-. 상대의 느낌 ______ -. 내가 00을 해도 될까? ______ 상대의 대답: ______ -. 나-상.느.바.부.+ 어떻게 생각하세요? ______ ______
2일차		-. 상대의 느낌 ______ -. 내가 00을 해도 될까? ______ 상대의 대답: ______ -. 나-상.느.바.부.+ 어떻게 생각하세요? ______ ______
3일차		-. 상대의 느낌 ______ -. 내가 00을 해도 될까? ______ 상대의 대답: ______ -. 나-상.느.바.부.+ 어떻게 생각하세요? ______ ______
4일차		-. 상대의 느낌 ______ -. 내가 00을 해도 될까? ______ 상대의 대답: ______ -. 나-상.느.바.부.+ 어떻게 생각하세요? ______ ______
5일차		-. 상대의 느낌 ______ -. 내가 00을 해도 될까? ______ 상대의 대답: ______ -. 나-상.느.바.부.+ 어떻게 생각하세요? ______ ______

4단계로 화를 표현하기

공감대화로 화를 표현하는 4단계를 적어보세요	
1단계	
2단계	
3단계	
4단계	

공감대화로 화를 표현하는 4단계 사례 :	
1단계	
2단계	
3단계	
4단계	

시나리오 만들고 역할놀이 하기

아래 일상대화 사례의 시나리오를 읽은 후
공감대화 시나리오를 만들어 보세요.
그리고 역할놀이를 해보세요.
(공감대화 시나리오에서 '공'이라고 적힌 사람이 공감대화의 달인입니다)

사례 –

일상대화 시나리오		

공감대화 시나리오		
	공.	
	공.	
	공.	
	공.	
	공.	
	공.	
	공.	
	공.	
	공.	
	공.	
	공.	
	공.	
	공.	
	공.	
	공.	
	공.	
	공.	
	공.	

의도적으로 '바람' 단어 사용하기

일차	'바람' 단어	사용 문장 적기
1일차	자율	
	스스로 고른 '바람' 단어 ______	
2일차	축하	
	스스로 고른 '바람' 단어 ______	
3일차	애도	
	스스로 고른 '바람' 단어 ______	
4일차	기여	
	스스로 고른 '바람' 단어 ______	
5일차	조화	
	스스로 고른 '바람' 단어 ______	

공감대화 표 활용

공감대화		
사례 :		
나 : 비난 / 평가하지 않으면서 솔직하게 나를 표현		**너 :** 상대방의 말을 비난 / 평가가 아닌 공감으로 듣고 상대를 짐작하여 표현
제가 ~~ 을 (보거나, 듣거나…) 했을 때	상황	당신이 ~~을 (보거나, 듣거나…) 했을 때
~~하게 느낍니다.	느낌	~~을 느끼십니까?
~~을 바라기 때문입니다.	바람	~~을 바라기 때문이지요?
~~해주시겠어요?	부탁	~~을 하기를 바라십니까?

3 주차

이렇게 말하면 통하는

공감대화 심화과정 공부하기

- 사례를 통한 공감대화 연습하기
- 솔직하게 말하기 어려운 사회
- 시나리오 만들고 역할놀이 하기

사례를 통한 공감대화 연습하기

사례: (상황만 적으세요)

상황을 적은 사람 :

너-느낌	너-바람	너-부탁

솔직하게 말하기 어려운 사회

"내가 고를 거야!"

5살 딸이 자신 있게 말합니다. 유치원에 가기 위해 옷 갈아입자고 했더니 한 말입니다.

"옷을 네가 고르고 싶구나?"

"응, 내가 골라서 입고 갈 거야. 이 치마에 이 티셔츠 입고, 그 위에 지금 입은 뽀로로 잠옷을 입을 거야."

딸은 얇은 레이스 치마와 빨간 티셔츠를 들고, 입고 있는 잠옷에 그려진 뽀로로를 가리킵니다.

놀란 표정으로,

"뽀로로를 친구들에게 자랑하고 싶구나?"

"응! 친구들이 이 뽀로로를 보면 좋아하겠지?"

"좋아하겠다."

"신난다."

"신나는구나?"

"응!"

"엄마도 의견이 있어. 들어볼래?"

"응, 의견 말해도 돼."

"엄마는 지금이 가을이라서 이 치마를 입으면 추울 수 있다고 생각해. 너는 어떻게 생각해?"

"괜찮아!"

"아, 괜찮구나? 음, 뽀로로 잠옷을 입고 가면 좋아하는 친구도 있겠지만, 잠옷이라고 이상하다고 생각하는 친구도 있을 텐데…"

"음… 괜찮아, 좋아하는 친구만 보여줄게."

"좋아하는 친구만 보여줄 거구나?"

"응, 걱정 마!"

"혹시 이상하다고 하는 친구들도 보고 싶어 하면 살짝 보여주면 어때?"

"응, 알겠어. 생각해볼게, 엄마 의견 말해줘서 고마워!"

5살이 되자 유치원에 갈 때 옷 입는 것으로 서로 신경이 날카로워졌던 엄마가 공감대화를 배워서 딸에게 옷을 고르게 하면서 일어난 일입니다. 마음에 드는 옷만 5일 내내 입기도 하고, 더

운 날에 부츠를 신고 가고, 바람 부는 날에도 반팔을 입고 나서기도 했답니다. 덥거나, 추울 거라고 말해주지만 의견을 바꾸지 않았습니다. 부츠 신은 날은 더위를 견디고 다녀왔고, 바람이 추웠던 날은 "많이 춥다... 헤헤, 옷 갈아입을래..." 하고 나가자마자 다시 들어왔답니다. 물론 스스로 고른 옷에 만족하여 가슴을 쭉 펴고, 신나게 유치원에 가는 날이 늘겠지요?

비폭력대화 책에는 타인을 의식하여 자신의 결정에 소극적인 '정서적 노예 단계', 자존감을 회복해가는 '얄미운 단계'가 설명되어 있습니다. '얄미운 단계'에서는 자신의 의견과 감정을 거리낌 없이 표현합니다. 타인의 말과 의견을 무시하기도 합니다. 스프링이 눌려 있다가 놓여지면 위로 솟구쳤다가 흔들거리는 것과 같은 단계입니다. 이 단계에서 자신의 감정에 따르는 경험을 충분히 한 후에야 '정서적 해방 단계'로 갈 수 있습니다. 자신의 의견도 소중하지만, 타인을 배려할 힘이 생기는 '정서적 해방 단계'가 우리가 지향하는 단계입니다.

위 글에서 '얄미운 단계'를 즐겁게 겪으며 아이와 함께 성장하고 있는 엄마의 모습이 보이세요? 엄마가 공감대화를 잘 하게 되자 딸이 모든 것에 자신의 의견을 말하는 것이 부쩍 늘었고, 그러면서 긍정적으로 변화하는 것이 보인다고 했습니다. 5살 딸과의 대화 재미에 푹 빠져들었다고 했습니다. 이런 소통의 날들이 계속된 후 딸은 패션에 일가견을 가지게 될 수도 있고, 충분히 옷을 골라 입는 것을 즐겼기 때문에 이제는 엄마에게 옷을 골라달라고 할 수도 있습니다. 엄마의 공감이 없다면 딸은 옷에 집착할 수 있고, 여러 상황에서 고집을 부리며 불편한 상황을 경험할 수 있습니다. 공감과 소통은 불편한 상황이 만들어지는 것을 차단합니다. 이해하게 하고 배려까지 할 수 있도록 합니다. 배려하며 뿌듯함을 만끽할 때 자존감은 단단해질 것입니다.

우리나라는 솔직하게 말하기 힘든 사회라고 생각됩니다. 현재의 어른뿐만 아니라 어린이와 청소년들은 대부분 '정서적 노예' 단계에서 살고 있습니다. '의견을 말해줄래?', '어떻게 생각해?' 등의 질문을 받은 적이 거의 없고, 의견을 말했을 때 공감 받고, 존중받은 경험이 없기 때문입니다. 자신의 의견이 공감 받을 때 자존감이 생기고, 타인의 의견을 존중할 수 있게 됩니다. 그런 경험 없이 로봇처럼 보호자가, 교사가 시키는 대로 해야 하는 환경에서 자라고 있기 때문에 자존감이 낮은 것입니다.

그래서 우리나라 사람들은 남이 나를 어떻게 볼지, 어떻게 평가할지에 신경을 많이 씁니다. 외모, 옷, 물건, 학력 등이 나를 평가받는 잣대가 된다고 생각하여 유난히 공을 들이지요. 또 자신도 남을 그런 것으로 평가하려고 합니다. 공감대화에서는 타인을 평가하지 말고, 그 때의 '느낌'과 '바람'을 나누라고 합니다. 그리고 타인이 나를 평가할 때는 그 순간 그 사람의 '느낌'과 '바람'을 질문으로 물어보라고 합니다.

타인이 나에게 '당신은 자비로운 사람입니다.'라고 말하면 내가 자비로운 사람이 되는 것일까요? '인색한 사람이군요.'라는 말로 내가 인색한 사람이 되는 것일까요?

내가 기부하는 것을 보고 타인이 '당신은 자비로운 사람입니다.'라고 하는 말을 들었을 때의 공감대화 너-상.느.바.부.는,

'기부하는 것을 보면서 흐뭇하셨어요?'입니다.

내가 기부하지 않는 것을 보고 타인이 '인색한 사람이군요'라고 하는 말을 들었을 때는,

'기부를 안 하는 것을 보면서 불편하셨어요?'입니다.

이렇게 공감을 해주면서 이야기를 주고받으며 소통하면 됩니다. 기부를 할 것인가 말 것인가는 내가 결정하면 되는 것입니다. 나의 결정에 따라 기부를 하면서 '뿌듯', '편안' 등을 느낄 수 있고, 나의 결정에 따라 기부를 안 하면서도 '뿌듯', '편안' 등을 느낄 수 있습니다.

기부하기로 결정할 때 공감대화 나-상.느.바.부.는,

'나는 저 사람에게 기부를 하면서 뿌듯해. 흔쾌히 도움주고 싶었거든.',

기부를 하지 않기로 결정할 때의 공감대화 나-상.느.바.부.는,

'나는 저 사람에게 기부하지 않으면서 뿌듯해. 이런 방법으로 돈을 얻을 수 없다는 것을 알게 하는 것이 변화에 도움 된다고 생각하기 때문이야. 스스로 몸을 움직여 돈을 벌 수 있는 방법을 찾기를 바라거든.'입니다.

나-상.느.바.부.를 상대에게 말할 것인가 아닌가도 스스로 결정하면 됩니다. 나는 나입니다. 타인의 평가는 평가일 뿐입니다. 내가 주인이 되는 것이 자존감이 단단한 것입니다.

어릴 때부터 의견을 묻고, 답을 하면 존중하고, 그 의견으로 결정된 후 어떤 일이 일어날 수 있다는 것을 말해주고, 책임도 질 수 있도록 하면 어떨까요? 타인을 불편하게 하고, 괴롭히는 것이 아니라면 스스로 결정한대로 해 볼 수 있는 기회를 주어야한다고 생각합니다.

초등학교 1학년이 장난감 자동차를 자신의 방부터 거실까지 줄지어 늘어놓고 그 모습을 보며 흐뭇한 표정을 지었다면 보호자가 할 수 있는 공감대화는,

"우와, 이렇게 자동차를 늘어놓고 흐뭇하니?"

"응, 멋지지?"

"네가 상상한대로 완성됐니?"

"응, 내가 생각한 것보다 더 잘 만들어졌어."

"네가 생각한 것보다 더 잘 만들어졌구나? 뿌듯해?"

등의 핑퐁대화를 나눈 후,

"지금 내 생각 좀 들어볼래?"

"응."

"내가 이 자동차들을 보니까 걱정되네, 치우려면 시간이 많이 걸린다고 생각돼. 네 생각은 어때?" 입니다.

아이의 생각이 어떻게 표현될지 궁금하세요?

'정서적 노예 단계'라면,

"알겠어, 이따 치울게..."라고 대답만 하고 치우는 것을 계속 미루다가,

"장남감 치워야지?"

"알겠어, 치울게..."

"빨리 치우라고 했다!"

"치우기 힘들어..."

"그래서 이렇게 늘어놓지 말라고 했어, 안 했어?"

"맨날 화만 내..."

"내가 언제 화냈어?"

"지금이 화낸 거지! 아니야?"

등으로 상황이 불편하게 마무리 될 것으로 예상됩니다.

'얄미운 단계'라면,

"나도 오래 걸린다고 생각해. 그러니까 도와줘! 같이 치워, 나를 낳았으니까 나를 도와줄 의무가 있는 거야."라고 말할 수 있습니다.

"도와주길 바라는구나?"

"응. 이거 내가 다 치우려면 힘들어! 난 이제 겨우 1학년이야."

"이제 겨우 1학년이구나?"

"응!"

"그럼 내가 어느 학년까지 치우는 것을 도와야 할까?"

"몰라... 하여튼 지금은 도와줘야 해!"

"모르는구나... 하하하, 나는 도와달라는 명령을 들으니 기운이 빠지네, 부탁으로 말해주면 어때?"

"알겠어. 치우는 것을 도와주실래요?"

"나도, 알겠어, 다 놀고 치우고 싶을 때 말해줄래? 하하하"

'정서적 해방 단계'라면,

"나도 오래 걸린다고 생각해. 내가 혼자 치우려면 힘드니까 도와줄 수 있어?"라고 할 수 있습니다.

공감대화를 하면 '정서적 노예 단계'에서 '얄미운 단계'로 올라옵니다. 이 때 속으로 쾌재를 부르기를 권합니다. 한 단계 성장한 것이라고 생각되기 때문입니다. 그리고 공감대화를 더 세밀히 하면서 '얄미운 단계'를 즐기기를 권합니다. 그 이후 '정서적 해방 단계'가 되면 '아, 행복하다'라고 할 수 있을 것입니다.

정서적 노예 단계:	다른 사람의 느낌에 대한 책임이 자신에게 있다고 믿는다
얄 미 운 단 계:	다른 사람의 느낌이나 바람에 대해서 배려하기를 거부한다
정서적 해방 단계:	다른 사람의 느낌이 아닌 자신의 느낌에 책임을 진다 다른 사람을 무시하고 희생시키면서 자신의 욕구를 충족할 수 없다는 것을 안다

연습하기 - 정서적 노예 → 얄미운 단계 → 정서적 해방

상황	단계	단계별 말하기
친구가 오늘도 피씨방에 가서 자기가 잘하는 게임을 하자고 한다. 어제도 똑같이 그랬다. 나는 피씨방은 재밌지만 그 게임이 재미없고, 못한다. 내가 좋아하는 게임을 하자고 말하고 싶지만 친구가 단칼에 싫다고 한 적이 있어서 말을 못한다.	정서적 노예 단계	알겠어, 가자.
	얄미운 단계	싫어! 너나 가!, 나는 이제 너하고 피씨방에 절대로 안 갈 거야!
	정서적 해방 단계	피씨방에 가서 그 게임을 또 하고 싶구나? 나는 그 게임이 재미없고, 못해서 싫어. 오늘은 내가 좋아하는 게임을 하고 싶은데, 어떻게 생각해?
부모님께서 이번 명절에는 집에 일찍 오라고 하신다. 지난 명절에 일이 많아서 당일 새벽에 갔는데 서운하셨나보다. 이번 명절에도 일찍 갈 수 없을 것으로 예상된다. 어찌해야 할지 모르겠다...	정서적 노예 단계	
	얄미운 단계	
	정서적 해방 단계	

<table>
<tr><th>상황</th><th>단계</th><th>단계별 말하기</th></tr>
<tr><td rowspan="3">배우자가 말을 많이 하면 어찌해야할지
모르겠다.
나는 가정의 평화를 위하여
입을 닫는다.
나도 할 말이 많지만...
점점 입을 닫게 되면서
마음도 닫히고 있다는
생각을 한다.</td><td>정서적 노예
단계</td><td></td></tr>
<tr><td>얄미운 단계</td><td></td></tr>
<tr><td>정서적 해방
단계</td><td></td></tr>
<tr><td rowspan="3">사례 :</td><td>정서적 노예
단계</td><td></td></tr>
<tr><td>얄미운 단계</td><td></td></tr>
<tr><td>정서적 해방
단계</td><td></td></tr>
</table>

시나리오 만들고 역할놀이 하기

아래 일상대화 사례의 시나리오를 읽은 후
공감대화 시나리오를 만들어 보세요.
그리고 역할놀이를 해보세요.
(공감대화 시나리오에서 '공'이라고 적힌 사람이 공감대화의 달인입니다.)

사례 – (40대 직장인) 오늘 유난히 일이 많다. 피곤하다. 옆 팀의 동료가 넘겨주기로 한 서류를 계속 보고 있다. 마무리한 후 달라고 하고 싶지만, 버럭 화를 낼 때도 있는 동료라서 조심스럽다.		
일상대화 시나리오		
40대 직장인		(주저하며) 서류 언제 줄 거야?
동료		(짜증난 목소리) 조금만 기다려!
40대 직장인		알겠어...
동료		...
40대 직장인		(조심스럽게) 언제까지 기다릴까?
동료		아, 참, 조금만!
40대 직장인		아, 미안해...
동료		(버럭 소리친다) 그것도 못 기다려서 독촉이야?

공감대화 시나리오		
40대 직장인	공.	(나-상.느.바.부.) 나는 요즘 일이 많아 피곤하고 지치네. 오늘 넘겨주기로 한 서류를 받고 싶은데 언제까지 기다리면 될까?
동료		(짜증난 목소리) 조금만 기다려!
40대 직장인	공.	(앵무새 질문)조금만 기다려달라고?
동료		
40대 직장인	공.	
동료		
40대 직장인	공.	
동료		
40대 직장인	공.	
동료		
40대 직장인	공.	
동료		
40대 직장인	공.	
동료		
40대 직장인	공.	
동료		
40대 직장인	공.	
동료		
40대 직장인	공.	
동료		
40대 직장인	공.	
동료		
40대 직장인	공.	
동료		
40대 직장인	공.	
동료		
40대 직장인	공.	
동료		
40대 직장인	공.	
동료		

3주차 스스로 학습하기

단계별 말하기
(정서적 노예 → 얄미운 단계 → 정서적 해방)

상황	단계	단계별 말하기
	정서적 노예 단계	
	얄미운 단계	
	정서적 해방 단계	
	정서적 노예 단계	
	얄미운 단계	
	정서적 해방 단계	

3주차 공감대화 공부하기

시나리오 만들고 역할놀이 하기

아래 일상대화 사례의 시나리오를 읽은 후
공감대화 시나리오를 만들어 보세요.
그리고 역할놀이를 해보세요.
(공감대화 시나리오에서 '공'이라고 적힌 사람이 공감대화의 달인입니다)

사례 –

일상대화 시나리오		

공감대화 시나리오		
	공.	
	공.	
	공.	
	공.	
	공.	
	공.	
	공.	
	공.	
	공.	
	공.	
	공.	
	공.	
	공.	
	공.	
	공.	
	공.	

공감대화 표 활용

공감대화		
사례 :		
나 : 비난 / 평가하지 않으면서 솔직하게 나를 표현		**너 :** 상대방의 말을 비난 / 평가가 아닌 공감으로 듣고 상대를 짐작하여 표현
제가 ~~ 을 (보거나, 듣거나...) 했을 때	상황	당신이 ~~을 (보거나, 듣거나...) 했을 때
~~하게 느낍니다.	느낌	~~을 느끼십니까?
~~을 바라기 때문입니다.	바람	~~을 바라기 때문이지요?
~~해주시겠어요?	부탁	~~을 하기를 바라십니까?

4 주차

이렇게 말하면 통하는

공감대화 심화과정 공부하기

- 사례를 통한 공감대화 연습하기
- 바꿔 듣고 물어보기
- 시나리오 만들고 역할놀이 하기
- 긍정 추상 바람단어를 사용하여 바람 말하기

사례를 통한 공감대화 연습하기

사례: (상황만 적으세요)

상황을 적은 사람 :

너-느낌	너-바람	너-부탁

바꿔 듣고 물어보기

불교 초기 경전 '숫타니파타'의 한 구절입니다.

사람은 태어날 때 입안에 도끼를 가지고 나온다.
어리석은 사람은 말을 함부로 함으로써
그 도끼로 자기 자신을 찍고 만다.

입안의 도끼로, 즉 말로 상대에게 상처를 주기도 하고, 스스로에게 상처를 주기도 합니다. 언어폭력은 육체 폭력을 일으키는 불쏘시개와 같다는 표현이 '비폭력대화' 책에 있습니다. 실제로 사회에서 일어나는 폭력 사건들이 말로써 시작된 것이 많습니다. 그렇다면 입안의 도끼는 어떻게 해야 할까요? 공감대화를 배워서 습으로 만드는 것이 입안의 도끼를 치유의 도구로 변화시키는 것이라고 생각합니다. 말을 바꾸는 것은 나와 내가 만나는 사람들의 삶을 풍요롭게 만드는 첫 디딤돌입니다.

공감대화의 첫걸음은 소통이 될 수 있도록 나를 표현하는 방법을 배우는 것입니다. (나-상.느.바.부.) 두 번째 걸음은 상대가 표현하고자 하는 것을 짐작하여 물어보는 것입니다. (너-상.느.바.부.)

그런데 상대의 어떤 말들은 변화하고자 하는 힘이 올라올 수 없게 만들기도 합니다. 비난, 평가 등의 말을 들으면 기운이 빠지고, 외면하고 싶고, 때로는 더 강한 비난과 평가를 던지고 싶은 생각이 듭니다. 이때 무엇을 선택해야 할까요? 누가 더 폭력대화를 잘하는지 겨루며 입안의 도끼를 날카롭게 만드는 것을 선택하거나, 그 말을 공감대화로 바꾸어 듣는 것을 선택할 수 있습니다.

깊은숨을 한 번 쉰 후,

'지금 저 사람이 공감대화로 말한다면 이런 말이겠구나!' 라고 생각해 보실래요?

비난과 평가의 말을 하는 그 사람이 공감대화로 말하면 이 느낌이고, 이 바람을 말하겠구나! 라고 생각하면, 즉 바꿔 들으면 내 감정을 조절하기가 쉬워질 것입니다. 바꿔 듣고 그것이 맞는지 물어보는 것이 '너-상.느.바.부.' 입니다.

공감대화로의 변화를 위한 시작은 이론적으로 아는 것이고, 그 다음은 실천하는 것입니다.

행할 행(行)! 이 글자는 인간이 몸을 가지고 있는 동안은 움직여야 한다는 말입니다, 실천해야 한다는 말입니다. 여기에는 의식의 행도 포함합니다. 상대의 비난에 침묵을 선택했다면 그것도 행의 하나입니다. 때로는 침묵이 최선일 수도 있습니다. 자리를 피하는 것이 최선일 때도 있습니다. 어느 것이든 스스로 결정하고 행하며 긍정변화를 엮어 가면 된다고 생각합니다.

식구들이 대화를 나누는 소리 때문에 티비 뉴스를 보던 사람이 소리를 못 들어서,

'시끄러워!' 라고 했다면,

대화를 하던 사람은 이 말을,

'나는 티비 뉴스 소리를 듣고 싶어. 대화 소리가 커서 못 들어서 짜증나! 말소리를 좀 낮춰줄 수 있어?' 라고 말하는 것으로 바꿔듣는 것입니다.

바꿔듣고 이렇게 물어보면 어떨까요?

'짜증나셨어요?'

'응, 조금...'

'티비 뉴스 소리를 잘 듣고 싶으신 거죠?'

'응!'

'저희가 소리를 낮추면 될까요?' 라고 말하면 됩니다.

1장에서 비판/비난, 비교, 책임 부정, 강요, 평가, 명령, 즉 '소통을 방해하는 말'을 나-상.느.바.부.로 바꾸어 보았습니다. 이번에는 상대가 소통을 방해하는 말을 했고, 내가 들었을 때의 연습을 해보려고 합니다.

소통을 방해하는 말을 하는 것은 자신의 느낌과 바람을 비극적으로 표현한 것이라고 '비폭력대화' 책에 설명되어 있습니다. 소통을 방해하는 말을 그 사람이 나-상.느.바.부.로 했다면 어떤 말일까? 라고 짐작해보길 권합니다. 폭력의 말을 공감대화로 바꾸어 들으면, 즉 그 사람의 느낌과 바람을 들으면 상황은 소통으로 향할 것입니다. 바꾸어 들은 후 첫 질문은 '느낌 물어보기'이고, 그 다음은 당연히 '바람 물어보기'겠지요? 물어 본 후 답을 들으면 '앵무새 되어 질문하기' 혹은 '내가 의견이 있는데 들어볼래?'로 이어가시기 바랍니다. 나의 의견을 말 한 후 '어떻게 생각해?'라는 질문을 하면 자연스레 핑퐁대화가 이어질 것입니다.

도덕주의적 비판/비난

• 그 아이는 게을러서 정리를 못 해!

바꿔듣기 – 나는 그 아이가 깨끗한 환경을 유지하기를 바라는데 그렇게 안 보여서 답답해!

바꾸어 들은 후 – **답답해?** / 응!

그 아이가 깨끗한 환경을 유지하기를 바라는 거지? / 응!

내 의견이 있는데 들어볼래? / 뭔데?

나는 네가 그 아이에 대한 판단을 멈추고 네 느낌과 바람을 말하기를 바라는데, 어떻게 생각해?

• 그 사람은 말을 할 때 다른 사람을 생각하지 않고 마구 말해!

바꿔듣기 – 나는 그 사람이 말할 때 다른 사람을 배려하기를 바라는데 그렇게 안 보여서 불편해!

바꾸어 들은 후 – **불편해?** / 응!

그 사람이 말 할 때 다른 사람을 배려하기를 바라는 거지? / 응!

내 의견이 있는데 들어볼래? / 뭔데?

나는 네가 그 사람에 대한 판단을 멈추고 네 느낌과 바람을 말하기를 바라는데, 어떻게 생각해?

• 네가 이럴 줄 알았어...

바꿔듣기 – 나는 네가 이것보다 잘하길 바랐어. 그렇게 안 보여서 답답하네...

바꾸어 들은 후 – **답답해?** / 응!

내가 이것보다는 잘 할 것으로 기대했어? / 응!

내 의견이 있는데 들어볼래? / 뭔데?

나는 네가 이것을 본 느낌과 바람을 말하기를 바라는데, 어떻게 생각해?

• 당신이 그렇지 뭐...

바꿔듣기 – 나는 당신이 ㅇㅇㅇ하길 바랐어. 그렇게 안 보여서 기운 빠져.

바꾸어 들은 후 – **기운 빠져?** / 응!

내가 ㅇㅇㅇ하길 바란 거지? / 응!

내 의견이 있는데 들어볼래? / 뭔데?

나는 이것을 본 너의 느낌과 바람을 말하기를 바라는데, 어떻게 생각해?

비교

• 동생은 안 그러는데 너는 왜 그러니?

바꿔듣기 – 나는 네가 이 행동을 멈추기를 바라. 이 행동을 보면 속상해.

바꾸어 들은 후 – **속상하세요?** / 응!

제가 이 행동을 멈추기를 바라세요? / 응!

제 의견이 있는데 들어주실래요? / 뭔데?

저는 제 행동에 대한 느낌과 바람을 말해주시기를 바랍니다. 어떻게 생각하세요?

책임 부정

• 윗사람이 시켜서 거짓말을 했을 뿐이야! (회사동료가 나에게 하는 말)

바꿔듣기 – 나는 이 일을 책임지고 싶지 않아. 내 행동에 책임이 지워질까 봐 두려워.

바꾸어 들은 후 – **두려우세요?** / 네!

이 일에 책임지고 싶지 않으시군요? / 네!

제 의견이 있는데 말해도 될까요? / 네, 뭔데요?

저는 거짓말을 하기로 결정한 것이 책임을 지겠다는 의미라고 생각하는데, 어떻게 생각하세요?

• 원래 해오던 대로 했어. 원칙은 아니지만 해오던 것이라서...! (회사동료가 나에게 하는 말)

바꿔듣기 – 나는 원칙은 아니지만 원래 해오던 방식으로 한 것이 인정되길 바라. 원칙을 지키지 않았다고 할까 봐 걱정돼.

바꾸어 들은 후 – **걱정되세요?** / 네!

원칙은 아니지만 원래 해오던 대로 했으므로 인정되기를 바라시죠? / 네!

제 의견이 있는데 들어보실래요? / 네.

저는 원칙이 있다면 그대로 해보고, 다른 방법이 더 효과적이라면 원칙을 변경하도록 의논해야 한다고 생각하는데, 어떻게 생각하세요?

• 주부라서 밥을 해야 하는 거야!

바꿔듣기 – 나는 네가 주부니까 의무를 수행해야 한다고 생각해. 밥하기 싫다고 하면 어이 없어.

바꾸어 들은 후 – **어이 없어?** / 응!

내가 주부니까 밥을 해야 하는 것을 의무로 알고 하길 바라? / 응!

내 의견이 있는데 들어볼래? / 응, 뭔데?

나는 밥을 하는 것이 엄청 싫어. 그런데 의무까지 있다고 생각하면 짓눌리는 느낌이야. 기꺼이 할 마음이 날 때만 하고 싶은데, 어떻게 생각해?

강요

• 남자는 울면 안 돼! (친구가 자녀에게 하는 말을 내가 들었을 때)

바꿔듣기 – 나는 네가 우리 사회에서 강하게 보이길 바라는데 울면 약해보일까 봐 걱정돼!

바꾸어 들은 후 – **친구야, 걱정되는 거지?** / 응!

아이가 사회에서 강하게 보이길 바라는 거지? / 응!

내 의견이 있는데 들어볼래? / 응, 뭔데?

나는 자신의 감정을 솔직하게 표현하면서 다른 사람들의 감정도 그대로 인정하는 사회가 되기를 바라거든. 그래서 남자든 여자든 울고 싶을 때는 울어도 된다고 생각하는데, 네 생각은 어때?

• 여자니까 얌전하게 행동하는 거야! (친구가 자녀에게 하는 말을 내가 들었을 때)

바꿔듣기 – 나는 여자가 얌전하게 행동해야 우리 사회에서 인정받을 수 있다고 생각해! 그래서 이런 행동을 보면 불편해.

바꾸어 들은 후 – **불편하구나?** / 응!

여자는 얌전해야 우리 사회에서 인정받을 수 있다고 생각하는 거지? / 응!

내 의견이 있는데 들어볼래? / 응, 뭔데?

나는 네가 성역할 또는 성고정관념에 대한 여러 의견을 들어보길 바라는데, 어때?

• 장남은 책임감이 있어야 해! (친구가 본인 형제들 이야기 중에 나에게 하는 말)

바꿔듣기 – 나는 장남이 책임감 있게 행동해야 집안에서 신뢰를 얻을 수 있다고 생각해. 우리집은 그렇지 않아서 속상해.

바꾸어 들은 후 – **속상하구나?** / 응!

장남이 책임감 있게 행동해야 집안에서 신뢰를 얻을 수 있다고 생각하니? / 응!

내 의견이 있는데 들어볼래? / 응, 뭔데?

나는 장남뿐만 아니라 모든 형제들이 책임감 있게 행동해야 신뢰를 얻을 수 있다고 생각해, 네 생각은 어때?

평가(칭찬도 평가)

• 너는 참 느리구나! / 잘했어! / 참 멋있구나! (아빠가 옷을 반듯이 걸은 자녀에게 '잘했어!'라고 했을 때)

바꿔듣기 – 내가 네 행동을 보고 '잘했어'라고 칭찬해주면 앞으로 더 잘 할 것으로 기대되네!

바꾸어 들은 후 – **기대되세요?** / 응!

(자녀의 말) **칭찬하면 제가 옷을 더 잘 걸을 것으로 생각되세요?** / 응!

제 의견이 있는데 들어보실래요? / 응, 뭔데?

저는 칭찬도 평가의 말 중 하나라고 생각해요. 평가의 말들은 칭찬이라도 의존적으로 만들고, 자력이 만들어지기 어렵다고 하는 이론을 들었어요. 어떻게 생각하세요?

명령

• 일어나 / 빨리해 (동료가 나에게 '빨리해'라고 했을 때)

바꿔듣기 – 나는 지금은 의견을 나누며 방법을 찾아가는 것보다 빨리 하길 바라! 빨리 하지 않으면 짜증나!

바꾸어 들은 후 – **짜증났어?** / 응!

의견을 나누며 방법을 찾아가는 것보다 시키는 대로만 하길 바라는거지? / 응!

- **내 의견이 있는데 들어볼래?** / 응, 뭔데?

나는 명령을 들으면 기운이 빠져. 내 의견을 물어봐주면 좋겠어. 어때?

이렇게 말을 하는 것은 어색합니다. 그럼에도 불구하고 변화를 위해서 한 걸음 내딛기 바랍니다. 어색한 문장을 말해보기 바랍니다. 예상한 반응이 나올 수도 있고, 의외의 반응이 나올 수도 있습니다. 어떤 반응이 나오더라도 우리는 한 걸음 내디딘 것입니다.

> **평화를 얻기 위해서는**
> **공격적인 충동을 유발하는 충족되지 않은 욕구 그리고 느낌에 공감할 필요가 있다**
> - '갈등의 세상에서 평화를 말하다' 마샬 로젠버그 -

연습하기 - 바꿔 듣고 물어보기

역할	상황	바꿔 듣기	공감대화 하기 -. 너-느낌 질문 -. 너-바람 질문 -. 들을 수 있는지 물어보기 -. 나-느낌 or 나-바람 + 어떻게 생각하세요?
나	친구와 서점에서 만나기로 했는데 30분 늦게 갔다. 친구가, '너는 매번 늦더라!'	(친구의 말) 나는 짜증이 나! 제시간에 오길 바랐거든!	-. 너-느낌 질문 짜증났어? 응! -. 너-바람 질문 내가 제 시간에 오길 바랐지? 응! -. 들을 수 있는지 물어보기 내 상황 좀 들어줄래? 응, 뭔데? -. 나-느낌 or 바람 + 어떻게 생각하세요? 내가 오다가 버스에 폰을 놓고 내린 거야, 그래서 종점에 가서 찾아서 오느라고 늦었어. 미안하고 이해해주길 바라는데, 어때?
선생님	우리 반은 매일 조회시간에 1개의 속담을 외우기로 했다. 오늘 아침 별이가, '맨 날 외우래...' 라고 한다.	(별이의 말) __________ __________ __________ __________	-. 너-느낌 질문 ____________________ 네! -. 너-바람 질문 ____________________ 네! -. 들을 수 있는지 물어보기 ____________________ 네. -. 나-느낌 or 나-바람 + 어떻게 생각하세요? ____________________ ____________________

역할	상황	바꿔 듣기	공감대화 하기 -. 너-느낌 질문 -. 너-바람 질문 -. 들을 수 있는지 물어보기 -. 나-느낌 or 나-바람 + 어떻게 생각하세요?
남편	아내가 퇴근해서 집에 오더니 소파에 들러붙어 있다. 피곤하면 방에 가서 쉬라고 하면 '알았어!'라고 하며 짜증을 낸다.	(아내의 말) 나 좀 그냥 둬 줄래? 지금 이 상태가 나는 좋다구!	-. 너-느낌 질문 __________ 응! -. 너-바람 질문 __________ 응! -. 들을 수 있는지 물어보기 __________ 응! 뭔데? -. 나-느낌 or 나-바람 + 어떻게 생각하세요? __________ __________
아내	내가 저녁 당번이라 서둘러 퇴근해서 저녁 준비를 했다. 퇴근해서 식탁에 앉은 남편이, '시금치 나물은 짜고, 김은 눅지고... 먹을 반찬이 없네...' 라고 한다	(남편의 말) ________ ________ ________ ________	-. 너-느낌 질문 __________ 응! -. 너-바람 질문 __________ 응! -. 들을 수 있는지 물어보기 __________ 응! 뭔데? -. 나-느낌 or 나-바람 + 어떻게 생각하세요? __________ __________

역할	상황	바꿔 듣기	공감대화 하기 -. 너-느낌 질문 -. 너-바람 질문 -. 들을 수 있는지 물어보기 -. 나-느낌 or 나-바람 + 어떻게 생각하세요?
직장인	점심시간에 동료에게 밥을 먹으러 가자고 했더니, '갔다 와!'라고 하며 엎드린다.	(동료의 말) 나는 지금 힘들어서 쉬고 싶어. 밥 먹는 것도 싫어!	-. 너-느낌 질문 ____________________ 응! -. 너-바람 질문 ____________________ 응! -. 들을 수 있는지 물어보기 ____________________ 응! 뭔데? -. 나-느낌 or 나-바람 + 더떻게 생각하세요? ____________________ ____________________
사위	처가에 가면 장인어른이 아이들을 데리고 산에 가자고 하신다. 오늘은 내가 몸이 안 좋아 빠진다고 하자, '젊은 사람이 몸이 안 좋기는...' 라고 했다.	(장인의 말) 나는 자네와 같이 가고 싶었네. 안 간다니 섭섭하네!	-. 너-느낌 질문 ____________________ 그렇네... -. 너-바람 질문 ____________________ 함께 가면 좋지. 오랜만에 말일세. -. 들을 수 있는지 물어보기 ____________________ 말해보게. -. 나-느낌 or 나-바람 + 어떻게 생각하세요? ____________________ ____________________

역할	상황	바꿔 듣기	공감대화 하기 -. 너-느낌 질문 -. 너-바람 질문 -. 들을 수 있는지 물어보기 -. 나-느낌 or 나-바람 + 어떻게 생각하세요?
초등 4학년	점심시간에 운동장에서 축구를 했다. 5교시를 하는데 축구를 안 한 짝이, '야! 저리 떨어져 앉아!'라고 한다.	(짝의 말) 나는 편하게 숨 쉬고 싶어. 너의 땀 냄새 때문에 괴로워!	-. 너-느낌 질문 ____________________ 응! -. 너-바람 질문 ____________________ 응! -. 들을 수 있는지 물어보기 ____________________ 응! 뭔데? -. 나-느낌 or 나-바람 + 어떻게 생각하세요? ____________________ ____________________

시나리오 만들고 역할놀이 하기

아래 일상대화 사례의 시나리오를 읽은 후
공감대화 시나리오를 만들어 보세요.
그리고 역할놀이를 해보세요.
(공감대화 시나리오에서 '공'이라고 적힌 사람이 공감대화의 달인입니다)

<table>
<tr><td colspan="3">사례 – (40대 엄마) 공감대화를 하려고 노력하는데 쉽지 않다.
오늘도 어색하지만 나-상.느.바.부.로 말했다.
'나는 네 방이 정리되기를 바라. 네 방을 보니 정신이 없다.
정리 좀 하면 어때?'라고 하니
아이가 '엄마, 말하는 거 완전 이상하거든!'라고 답한다.</td></tr>
<tr><td colspan="3">일상대화 시나리오</td></tr>
<tr><td>엄마</td><td></td><td>나는 네 방이 정리되기를 바라, 네 방을 보니 정신이 없다. 정리 좀 하면 어때?</td></tr>
<tr><td>자녀</td><td></td><td>엄마, 그 말 완전 이상하거든. 히히</td></tr>
<tr><td>엄마</td><td></td><td>그럼 원래대로 할래! 방 좀 치우라구!</td></tr>
<tr><td>자녀</td><td></td><td>헤헤, 그게 익숙하네...</td></tr>
<tr><td>엄마</td><td></td><td>에고, 공감대화는 힘들어. 아무튼 방 좀 치워라, 제발! 방이 이게 뭐니?</td></tr>
<tr><td>자녀</td><td></td><td>이만하면 아직 좀 더 있다가 치워도 되는데...</td></tr>
<tr><td>엄마</td><td></td><td>말 좀 들어라... 기운 빠진다...</td></tr>
<tr><td>자녀</td><td></td><td>알겠어. 이따 치울게...</td></tr>
<tr><td>엄마</td><td></td><td>이따가 아니고, 지금 치우라구!</td></tr>
<tr><td>자녀</td><td></td><td>알았어... 아까 그 이상한 말이 더 낫겠어...</td></tr>
<tr><td>엄마</td><td></td><td>다 끝났어.</td></tr>
<tr><td>자녀</td><td></td><td>그 이상한 말, 공감대화로 다시 하면 어떨까?</td></tr>
<tr><td>엄마</td><td></td><td>생각해볼게, 하여튼 치우기나 해라!</td></tr>
<tr><td>자녀</td><td></td><td>망했다...</td></tr>
</table>

공감대화 시나리오		
엄마	공.	나는 네 방이 정리되기를 바라, 네 방을 보니 정신이 없다. 정리 좀 하면 어때?
자녀		엄마, 그 말 완전 이상하거든. 히히
엄마	공.	(앵무새 질문) 엄마 말이 완전 이상하다고?
자녀		
엄마	공.	
자녀		
엄마	공.	
자녀		
엄마	공.	
자녀		
엄마	공.	
자녀		
엄마	공.	
자녀		
엄마	공.	
자녀		
엄마	공.	
자녀		
엄마	공.	
자녀		
엄마	공.	
자녀		
엄마	공.	
자녀		

긍정 추상 바람 단어를 사용하여 바람 말하기

나-상.느.바.부. / 너-상.느.바.부.를 적고 '바람' 단어를 적은 후 그 단어를 사용하여 문장을 만들어 보세요

1. 30대 미혼 남자 : 1년 사귄 당신의 애인이 '우리 그만 헤어지는 게 좋겠어!' 라고 말 할 때

바람단어	나-30대 미혼 남자		너-애인	바람단어
동반	나는 그 말을 들으니	**상황**	그 말을 하기 까지	**정리** **수용**
	하늘이 무너지는 느낌이야	**느낌**	엄청 혼란스러웠니?	
	이 생에서 끝까지 함께 하길 바라거든	**바람**	우리 관계를 정리하고 싶은거야?	
	어떻게 하면 그 결정을 바꿀 수 있을까?	**부탁**	생략 or 내가 쿨하게 수락해주길 바래?	
	긍정 추상 단어를 사용한 바람 문장: 나는 너와 동반자로 살고 싶어		긍정 추상 단어를 사용한 바람 문장: 우리 관계를 정리하고 싶구나? 내가 네 의견을 수용해주길 바라니?	

2. 본인 : 택시 탄 후 어느 길로 가달라고 말했다.
기사가 가달라고 하는 길에 대해 투덜거리면서 갈 때

바람단어	나-________		너-________	바람단어
		상황		
		느낌		
		바람		
		부탁		
	긍정 추상 단어를 사용한 바람 문장:		긍정 추상 단어를 사용한 바람 문장:	

3. 60대 부부 중 남편 : 한 해의 마지막 날,
아내와 함께 여행 가서 바다로 지는 노을을 보고 있을 때

	나-________		너-________	
바람단어		**상황**		바람단어
		느낌		
		바람		
		부탁		
	긍정 추상 단어를 사용한 바람 문장:		긍정 추상 단어를 사용한 바람 문장:	

4. 여중생 : 엄마가 '오빠는 정리를 잘하는데, 넌 왜 오빠처럼 못하니?'라고 하는 말을 들었을 때

	나-________		너-________	
바람단어		**상황**		바람단어
		느낌		
		바람		
		부탁		
	긍정 추상 단어를 사용한 바람 문장:		긍정 추상 단어를 사용한 바람 문장:	

4주차 스스로 학습하기

바꿔 듣고 물어보기

역할	상황	바꿔 듣기	**공감대화 하기** -. 너-느낌 질문 -. 너-바람 질문 -. 들을 수 있는지 물어보기 -. 나-느낌 or 나-바람 + 어떻게 생각하세요?
			-. 너-느낌 질문 ____________________ 응! -. 너-바람 질문 ____________________ 응! -. 들을 수 있는지 물어보기 ____________________ **응! 뭔데?** -. 나-느낌 or 바람 + 어떻게 생각하세요? ____________________ ____________________
			-. 너-느낌 질문 ____________________ 응! -. 너-바람 질문 ____________________ 응! -. 들을 수 있는지 물어보기 ____________________ **응! 뭔데?** -. 나-느낌 or 바람 + 어떻게 생각하세요? ____________________ ____________________

시나리오 만들고 역할놀이 하기

아래 일상대화 사례의 시나리오를 읽은 후
공감대화 시나리오를 만들어 보세요.
그리고 역할놀이를 해보세요.
(공감대화 시나리오에서 '공'이라고 적힌 사람이 공감대화의 달인입니다)

사례 – (아빠) 대학 신입생인 딸이 과제 '자신의 꿈 설계'를 하면서 투덜거린다. '나는 꿈이 없는데... 이런 것을 과제로 내줬어...'		
일상대화 시나리오		
아빠		너는 나이가 몇인데 꿈도 없냐?
대학 신입생 딸		이 나이에 꿈 없으면 안 돼?
아빠		꿈을 설정하고 열심히 살아야 할 나이잖아.
대학 신입생 딸		헐, 내 나이가 그런 나이라고 어디 적혀있어?
아빠		꼭 적혀있어야 돼? 다른 애들은 너보다 어려도 꿈을 가지고 있더라...
대학 신입생 딸		비교하지 마세요!
아빠		아차, 비교했네, 미안!
대학 신입생 딸		아빠의 미안은 받아들이고, 아무튼 과제 할게.

공감대화 시나리오		
아빠	공.	(앵무새 질문) 꿈이 없다고?
대학 신입생 딸		응.
아빠	공.	(너-느낌 질문)
대학 신입생 딸		
아빠	공.	
대학 신입생 딸		
아빠	공.	
대학 신입생 딸		
아빠	공.	
대학 신입생 딸		
아빠	공.	
대학 신입생 딸		
아빠	공.	
대학 신입생 딸		
아빠	공.	
대학 신입생 딸		
아빠	공.	
대학 신입생 딸		
아빠	공.	
대학 신입생 딸		

긍정 추상 바람 단어를 사용하여 바람 말하기

나-상.느.바.부. / 너-상.느.바.부.를 적고
'바람' 단어를 적은 후 그 단어를 사용하여 문장을 만들어 보세요

70대 : 매일 공공도서관에서 친구와 함께 책과 신문을 편안히 즐겼었는데 코로나19로 인해 도서관이 폐쇄되었다가 열었는데 또 감염이 폭증하여 도서관이 다시 폐쇄되었다. 그 친구와도 못 만나고 통화를 했다.

바람단어	나-________		너-________	바람단어
		상황		
		느낌		
		바람		
		부탁		
	긍정 추상 단어를 사용한 바람 문장:		긍정 추상 단어를 사용한 바람 문장:	

초등 보호자 : 자녀가 초등학교 1학년 입학하였는데 1달 후에 담임선생님이 연락해왔다. 아이에게 ADHD(주의력결핍 과잉행동장애 attention deficit / hyperactivity disorder) 검사를 해보라고 한다.

바람단어	나-초등 보호자		너-담임선생님	바람단어
		상황		
		느낌		
		바람		
		부탁		
	긍정 추상 단어를 사용한 바람 문장:		긍정 추상 단어를 사용한 바람 문장:	

공감대화 표 활용

공감대화		
사례 :		
나 : 비난 / 평가하지 않으면서 솔직하게 나를 표현		**너 :** 상대방의 말을 비난 / 평가가 아닌 공감으로 듣고 상대를 짐작하여 표현
제가 ~~ 을 (보거나, 듣거나...) 했을 때	상황	당신이 ~~을 (보거나, 듣거나...) 했을 때
~~하게 느낍니다.	느낌	~~을 느끼십니까?
~~을 바라기 때문입니다.	바람	~~을 바라기 때문이지요?
~~해주시겠어요?	부탁	~~을 하기를 바라십니까?

개구쟁이

문삼석

개구쟁이래도 좋구요.
말썽꾸러기래도 좋은데요.
엄마,
제발 '하지 마. 하지 마.' 하지 마세요.
그럼 웬일인지
자꾸만 더 하고 싶거든요.

꿀밤을 주셔도 좋구요.
엉덩일 두들겨도 좋은데요.
엄마,
제발 '못 살아. 못 살아.' 하지 마세요.
엄마가 못 살면
난 정말 못 살겠거든요.

5 주차

이렇게 말하면 통하는

공감대화 심화과정 공부하기

- 사례를 통한 공감대화 연습하기
- 긍정의 질문형 부탁인가? 강요인가?
- 거절(No) 이해하기
- 시나리오 만들고 역할놀이 하기
- 긍정 추상 바람단어를 사용하여 바람 말하기

사례를 통한 공감대화 연습하기

사례: (상황만 적으세요)

상황을 적은 사람 :

너-느낌	너-바람	너-부탁

긍정의 질문형 부탁인가? 강요인가?

친구 달이와 별이가 이야기를 나누는데, 달이가 화가 났던 상황을 말하는 중 별이는 갑자기 이렇게 말했습니다.

'야, 말도 마, 나는 그것보다 더 심한 일이 있었어.'

달이는 말이 끊어지게 되어 화가 났습니다. 그 상황을 충분히 설명한 후 공감 받고 싶었기 때문일 것입니다.

이 때 달이가,

'내가 말하고 있는데 네가 끼어들어서 짜증난다. 끼어들지 좀 마!'라고 말했다면 명령을 한 것입니다. 명령을 질문형 부탁으로 하면 '끼어들지 말아줄래?'입니다. 하지 말아달라는 부탁입니다. 부탁을 할 때는 어떻게 해달라는 긍정의 질문형 부탁을 하는 것이 공감대화의 부탁입니다. '내 말을 끝까지 들어줄래?'가 긍정의 질문형 부탁입니다.

우리 일상에서의 부탁이 '부정'으로 많이 표현되는 것은 강조의 방법일 수도 있고, 우리 사회의 표현 방법이 그렇게 고착화되고 있는 것일 수도 있습니다. 명령을 멈추고 질문을 하라는 것이 공감대화의 중요한 점 중 하나인데, 부탁할 때 부정의 표현을 하면서 부정의 행동들을 떠올리는 것 보다는 긍정의 표현을 하면서 긍정의 방향으로 삶을 전환하는 것이 바람직하다고 생각합니다.

'떠들지 마!'라는 명령을 '떠들지 말아줄래?'라고 질문형 부탁으로 바꾸고, 긍정으로 변화시키면 '조용히 해줄래?' 입니다. 여기에 어떤 것을 바라기 때문에 그 부탁을 하는가를 덧붙이면,

'조용히 해줄래? 지금 이 뉴스를 집중해서 듣고 싶거든.'입니다.

이 문장이 긍정의 질문형 부탁입니다. 이 부탁은 서로 마음을 열고 소통할 수 있게 할 것입니다.

명령	질문형 부탁	긍정의 질문형 부탁	바람 + 긍정의 질문형 부탁
뛰지 마!	뛰지 말래?	걸어 다닐래?	아랫집에서도 안정되게 생활할 수 있기를 바라, 걸어 다닐래?
회의에 늦지 좀 마라!	회의에 늦지 않아 줄래?	회의에는 5분 전에 와줄래?	정시에 회의를 시작하고 싶어. 회의에는 5분 전에 와줄래?
잔소리 좀 그만 하세요!	잔소리 좀 그만 해주실래요?	이대로 인정해주실래요?	제가 자력 있게 성장하기 위해 이대로 인정받고 싶어요. 그렇게 해주실래요?

긍정의 질문형 부탁은 긍정의 답을 얻을 확률이 높습니다. 부탁은 자신의 바람을 정확히 알아차릴 수 있는 기회가 됩니다. 잔소리를 듣고 싶지 않은 마음에서 더 깊이 사고하면 지금의 상태를 이대로 인정받고 싶은 마음을 만나게 됩니다. 지금 이대로 인정받는다면 점점 성장하게 될 수 있음을 알게 될 것입니다. 이렇게 알아차린 것들을 서로 나누는 것이 소통과 이해의 지름길입니다.

어떤 상황을 표현하는 말은 다양할 수 있습니다. 때로는 말이, 단어가 그 상황을 결정해버리기도 합니다. 2020년에 코로나바이러스감염증-19((COVID-19, 국문명칭 '코로나19')가 세계적으로 유행하는 공포의 시대가 열렸습니다. 코로나19는 2019년 12월 중국 우한에서 처음 발생하여 중국 전역과 전 세계로 확산된, 새로운 유형의 코로나바이러스에 의한 호흡기 감염 질환입니다. 이 질환은 초기 '우한 폐렴'으로 불렸습니다.

'우한 폐렴'이라는 전염병의 이름을 들으면 어떤 생각이 드세요? 중국의 도시 '우한'에 대해 궁금한가요? 전영병이란 말에 불안해지나요? 혹시 중국인과 중국 음식을 피해야겠다는 생각이 드세요? 차별하고 싶은 마음과 혐오하는 마음도 생기나요? 실제로 유럽의 여러 나라에서 동양인을 피하고, 폭행하는 일이 일어났습니다.

코로나바이러스가 전염성이 강하다는 소식에 공포스럽고, 걱정될 것입니다. 안전하고, 건강하고 싶은 바람은 '우한 폐렴'이라는 이름을 통해 특정 지역과 사람을 차별하고 혐오하는 심리가 일어나게 할 수 있습니다.

이런 이유로 세계보건기구(WHO)는 2015년 지리적 위치, 사람 이름, 동물·식품 종류, 문화, 주민·국민, 산업, 직업군이 포함된 병명을 사용하지 말라는 권고를 하였습니다. 그에 따라 '우한 폐렴'이라고 불렸던 명칭은 '신종코로나바이러스감염증'으로 사용하도록 발표되었습니다.

이처럼 말, 단어가 상황을 결정할 수 있고 나아가 삶을 바꾸어 놓을 수도 있습니다. 동료들이 이야기를 하고 있는데 '잡담 그만하고 여기 좀 도와줄래?'라고 한다면 그들의 말은 잡담이 되어버릴 수 있습니다. 학생들이 놀이를 하다가 더 흥미롭게 놀기 위하여 규칙을 바꾸는 이야기를 하고 있는데 선생님이 '쓸데없는 소리 그만하고 빨리 해!'라고 한다면 학생들의 의도는 쓸데없는 것으로 여겨질 수 있습니다. '너 따위가...'라는 표현은 그 사람의 존재를 부정하는 말입니다. 사람의 존엄을 부정하는 단어는 결코 사용되지 않아야 한다고 생각합니다. 단어를 선택할 때 깊이 사고해야 합니다.

'아랫집에서도 안정되게 생활할 수 있기를 바라, 걸어 다닐래?'라고 긍정의 질문형 부탁을 했는데 상대가 수용하지 않았을 때 당황할 수 있습니다. 이 때, 상대가 왜 수용하지 않았는지를 이해할 때 '부탁'이라고 하고, 무조건 내 부탁에 응해야 한다고 하면 부탁을 가장한 '강요'라고 합니다. 수용하지 않는 사람은 그 나름의 이유가 있다는 것을 이해해야 합니다.

"안 돼. 지금 저 공 잡아야 한다고!"라고 하며
계속 뛰어다니는 자녀에게 아빠는,
"저 공을 잡아야 하는구나?"
"응! 걸어가면 못 잡아!"
"아, 걸어가면 못 잡는구나?"
"응!"
"그럼 공을 잡은 후에는 걸어 다닐 수 있겠어?"
"안 돼, 계속 공놀이해야 해서 뛰어다닐 거야."
"계속 공놀이 할 거라고?"
"응. 공놀이 재밌어."라고 하면,
뛰고 있는 아이를 안으면서,
"공놀이가 재밌구나? 그런데 아빠가 할 말이 있는데 들어볼래?"
"뭔데?"
"지금 아랫집에서는 안정되게 저녁시간을 보낼 수 있다고 생각하니?"
"몰라..."
"우리 윗집에서 지금 계속 뛴다면 우리가 안정되게 시간을 보낼 수 있을까?"
"없어..."
"그치? 없지? 나하고 생각이 같구나? 머리가 아프겠지? 그래서 우리도 밤에는 뛰면 안 된다고 생각하는데, 네 생각은 어때?"라고 대화를 이어가면 부탁을 한 것입니다.

부탁을 가장한 '강요'를 했다면 대화는 아래와 같이 이어질 것으로 상상합니다.

"걸어 다닐래? 아랫집에서도 안정되게 생활할 수 있기를 바라."라고 긍정의 질문형 부탁을 했는데,

"안 돼. 지금 저 공 잡아야 한다고!" 라는 말을 듣고,

"당장 멈춰! 생각이 있어? 없어? 뛰지 말라고 했다! 좋은 말로 할 때 들어라!"

"…"

"꼭 소리를 질러야 말을 들어!"

"…"

"어휴 속 터져, 좋은 말로 하면 듣지를 않아! 좋은 말을 하고 싶어도 할 수가 없다니까…"

이 말을 하는 사람의 느낌은 무엇일까요?

이 말을 듣는 사람의 느낌은 무엇일까요?

보호자의 답답함, 속상함, 화남, 후회함 등이 보이세요? 자녀는 무서움, 놀람, 당황함, 의아함 등의 느낌이겠지요? 이런 대화를 듣는 누구라도 감정이 불안할 것입니다. 불안한 소리는 불안한 감정을 만들고, 불안한 감정은 뇌를 불안하게 합니다. 불안이 생활에서 반복되면 아이들이 먼저 무너집니다. 이럴 때 아이들이 ADHD(주의력결핍 과잉행동장애 attention deficit / hyperactivity disorder) 판정을 받을 수 있습니다.

크리스 메리코글리아노의 '가만히 있지 못하는 아이들' 책은 미국 뉴욕의 대안학교 아이들 이야기입니다. ADHD로 판정을 받고 대안학교로 온 아이들이 인정받고, 존중받으며 자유로이 결정하고 실행하면서 단단한 자아를 형성해가는 사례가 나옵니다. ADHD 판정을 받은 아이들의 대부분은 가정에서 불안한 상태였습니다. 크리스는 아이들과 수업을 진행하는 것과 동시에 보호자를 면담하며 변화하고 싶은지 묻습니다. 변화를 원하는 보호자에게는 변화의 방법을 알려줍니다. 학교의 교육 방법과 보호자의 변화로 ADHD 판정을 받았던 아이들이 놀랄 만큼 변화하는 내용의 책입니다.

말을 바꾸는 것이, 공감대화를 하는 것이, 소리를 바꾸는 것이 삶을 바꾸는 방법 중 가장 효과적인 방법이라고 생각합니다. 긍정의 질문형 부탁을 하고, 답을 들으면 앵무새 질문을, 느낌 물어보기를, 바람 물어보기를 하고 내 느낌이나 바람을 말하고 싶다면 '내가 느낌을 말해도 될까?', '내 바람을 말해도 될까?' 혹은 '내 의견을 말해도 될까?'라고 물어보며 대화를 이어나가세요.

소리가 주는 힘이 이해되지요? 노래 한 곡으로 눈물을 흘리게 되기도 합니다. 치열한 구도의 길을 갔던 수행자는 규칙적인 파도소리가 들리는 곳에서 치열함을 풀어낸다고도 합니다. 음악치료, 사운드 테라피, 싱잉볼 명상, 숲소리 치유 등은 소리가 치유의 도구로 사용되고 있는 것입니다. 공감대화는 일상의 말로 치유를 경험하게 합니다.

삶에 공감대화를 적용하는 것이 어렵습니다. 어렵더라도 다시 한 번 마음을 다잡고 함께 가볼까요? 소통하는 풍요로운 삶을 만날 것을 확신합니다!

> 소리는 강력하고 창의적인 요소이다
> 우리의 말은 우리의 생각과 인식을 반영하고
> 우리가 살고 있는 세계를 규정한다
>
> - '갈등의 세상에서 평화를 말하다' 마샬 로젠버그 -

연습하기 - 긍정의 질문형 부탁과 거절 받아들이기

명령	질문형 부탁	긍정의 질문형 부탁	나의 바람 + 긍정의 질문형 부탁	(상대의) 거절의 말	거절의 답을 들은 후 말하기 (앵무새 질문 + 너 느낌/바람 물어보기)
잔소리 좀 그만 하세요!	잔소리 좀 그만해주실래요?	이대로 인정해주실래요?	제가 자력 있게 성장하기 위해 이대로 인정받고 싶어요. 그렇게 해주실래요?	이걸 어떻게 인정하냐?	
일어나!				일어나기 싫은데…	
말 좀 그만 해!				싫어, 말 할 거야	
휴대폰 좀 그만 봐!				내 맘이야. 더 볼 거야.	
빨리 자!				늦게 자면 어때?	
외출할 때 꾸물거리지 좀 마!				안 꾸물거렸거든!	

거절 (No) 이해하기

금요일 저녁, 배우자에게,
'함께 푹 쉬면서 즐거운 주말을 보내고 싶어, 삼림욕장에 가서 쉬고 올까?' 라고 했다.

배우자가 '그래!' 라고 했다면
배우자는 '나도 쉬고 싶어!' 라는 바람을 충족하고 싶은 답을 한 것이고,
배우자가 '안 돼!' 라고 했다면
배우자는 '급한 일을 내일 아침까지 해서 보내기로 했어.' 라는
바람을 충족하기 위한 답을 한 것이다.

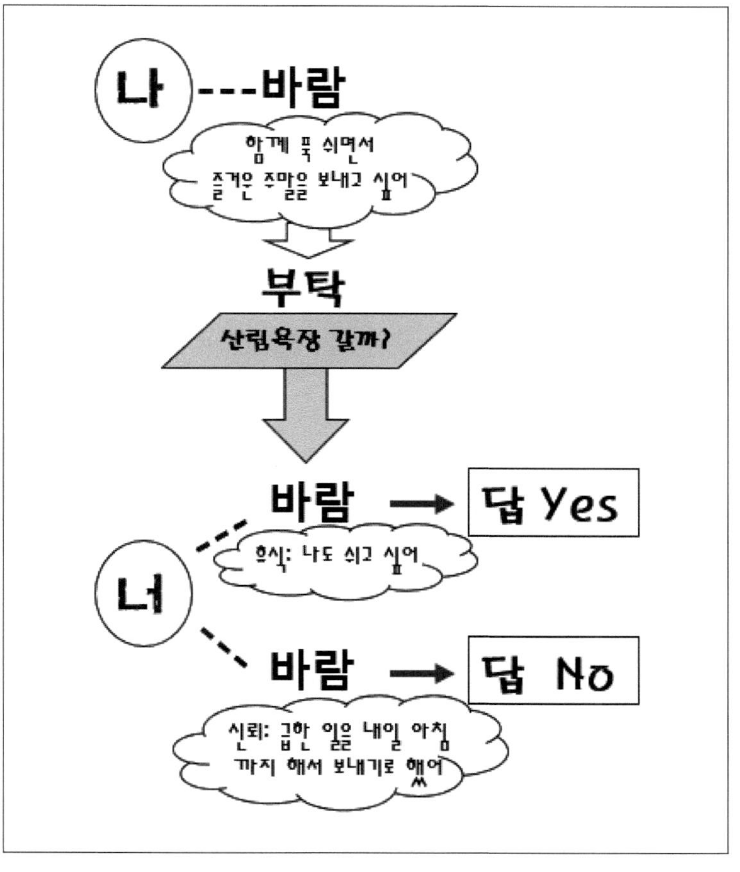

5주차 공감대화 공부하기

1. 부탁에 대한 긍정의 답 '예 Yes'는 그 말을 한 사람의 '바람 Need'를 충족하는 것이다.
   부탁에 대한 부정의 답 '아니오 No'도 그 말을 한 사람의 '바람 Need'를 충족하는 것이다.
2. '아니오 No'는 새로운 대화에 우리를 초대하는 선물이다.
3. '아니오 No'를 들으면 솔직한 대답에 대한 고마움을 말한다.
4. '아니오 No'는 상대방이 우리를 신뢰하는 표시로 볼 수 있다.
   그래서, 다음에 '예 Yes'를 들었을 때는 그것이 진정한 '예 Yes'라는 것을 믿을 수 있다.
5. 상대가 부탁을 받아들이더라도 그것이 죄책감이나 두려움, 수치심, 사랑을 얻기 위해서 나온 것이라면 언젠가는 양쪽 다 그 대가를 치르게 된다.
6. 부탁을 했는데 상대방이 부탁을 거절하면 그 거절을 받아들여야 하는 두려움 때문에 부탁을 못할 때도 있다.
7. 상대방이 부탁을 강요로 듣고 자유롭게 '아니오 No'를 하지 못 할까 봐 걱정돼서 부탁을 못 할 때도 있다.
8. 상대방의 '바람 Need'를 부탁한 사람의 '바람 Need'와 똑같이 중요하게 보려고 한다는 것을 알게 되면, 상대방이 부탁을 수용할 가능성이 높아진다.
9. 부탁을 할 때는 '아니오 No'를 '예 Yes' 와 똑같은 마음으로 받아들이고,
   부탁을 받을 때는 '아니오 No'를 기꺼이 표현할 수 있을 때 진정한 대화가 가능하다!

비폭력대화의 목적은
자신이 원하는 것을 얻기 위해 다른 사람을 바꾸려는 것이 아니다
솔직함과 공감에 바탕을 둔 인간관계를 형성하여
모든 사람의 욕구가 충족되도록 하는 것이다

- '비폭력대화' 마샬 로젠버그-

연습하기 – 거절(No) 이해하기

<table>
<tr><th>부탁 했는데
거절 받은 경우</th><th>거절 받은
후 느낌</th><th>그 사람은 무엇을 원해서
거절했을까요?</th><th>거절의 답을 들은 후
나-상.느.바.부.</th></tr>
<tr><td rowspan="3"></td><td rowspan="3"></td><td></td><td></td></tr>
<tr><th>그 사람은 거절 한 후 무엇을
원할까요?</th><th>거절의 답을 들은 후
너-상.느.바.부.</th></tr>
<tr><td></td><td></td></tr>
</table>

<table>
<tr><th>부탁 받고
거절한 경우</th><th>거절하면서
느낌</th><th>나는 무엇을 원해서
거절했나요?</th><th>거절하는
나-상.느.바.부. 말하기</th></tr>
<tr><td rowspan="3"></td><td rowspan="3"></td><td></td><td></td></tr>
<tr><th>나는 거절 한 후
무엇을 원했나요?</th><th>거절한 후
너-상.느.바.부.로 물어보기</th></tr>
<tr><td></td><td></td></tr>
</table>

시나리오 만들고 역할놀이 하기

아래 일상대화 사례의 시나리오를 읽은 후
공감대화 시나리오를 만들어 보세요.
그리고 역할놀이를 해보세요.
(공감대화 시나리오에서 '공'이라고 적힌 사람이 공감대화의 달인입니다)

사례 - (40대 직장인) 노동절 상여금을 받았다. 친구가 전화해서 딱 그 금액을 빌려달라고 한다.		
일상대화 시나리오		
친구		내가 급히 돈이 좀 필요한데 빌려줄 수 있어?
40대 직장인		아, 그래?
친구		다음 달에는 갚을 수 있을 거야. 미안해...
40대 직장인		나는 친구들과 돈거래 안 하는데...
친구		내가 처음으로 부탁을 했는데... 거절하냐? 너무 한다...
40대 직장인		미안해...
친구		있으면 좀 빌려주라... 어디다 또 말해야 할지 모르겠어...
40대 직장인		어쩌냐... 내 원칙이라서...
친구		야, 원칙은 깨라고 있는거야!
40대 직장인		내가 이 원칙을 지키려고 얼마나 노력했는 줄 알아?
친구		몰라...
40대 직장인		지키기 힘들었어... 그래서 안 되겠다. 미안하다...
친구		야, 우리끼리 무슨 원칙이야? 원칙은 집어 치우고 좀 빌려줘라.
40대 직장인		우리끼리니까 원칙이지!
친구		너 진짜, 우리끼리 이러기야?

공감대화 시나리오		
친구	공.	내가 급히 돈이 좀 필요한데 빌려줄 수 있어?
40대 직장인		아, 그래?
친구	공.	(너-상.느.)
40대 직장인		
친구	공.	
40대 직장인		
친구	공.	
40대 직장인		
친구	공.	
40대 직장인		
친구	공.	
40대 직장인		
친구	공.	
40대 직장인		
친구	공.	
40대 직장인		
친구	공.	
40대 직장인		
친구	공.	
40대 직장인		
친구	공.	
40대 직장인		
친구	공.	
40대 직장인		
친구	공.	
40대 직장인		
친구	공.	
40대 직장인		
친구	공.	

긍정 추상 바람 단어를 사용하여 바람 말하기

나-상.느.바.부. / 너-상.느.바.부.를 적고
'바람' 단어를 적은 후 그 단어를 사용하여 문장을 만들어 보세요

1. 60대 주부: 결혼 3년 된 아들이 추석에 오는데, 2년 동안은 전 날 와서 자고 큰집에 차례 지내러 새벽에 출발해서 갔었는데 이번에는 추석 당일에 큰집으로 바로 온다고 한다.

바람단어	나-________		너-________	바람단어
		상황		
		느낌		
		바람		
		부탁		
	긍정 추상 단어를 사용한 바람 문장:		긍정 추상 단어를 사용한 바람 문장:	

2. 중학생 : 공부 좀 해볼까 생각하고 책상 앞으로 막 갔는데, 엄마가 문을 열더니 '공부 좀 해라~'라고 한다. 내가 공부하려고 하면 꼭 저렇게 말을 한다.

바람단어	나-________		너-________	바람단어
		상황		
		느낌		
		바람		
		부탁		
	긍정 추상 단어를 사용한 바람 문장:		긍정 추상 단어를 사용한 바람 문장:	

3. 나 : 공감대화를 배워서 실천하자고 생각은 하지만 기존에 하던 명령이 자연스레 나온다.
지금도 가족 외출을 하는데 식구들에게 '빨리 나와!'라고 했다.

	나-________		너-________	
바람단어		**상황**		바람단어
		느낌		
		바람		
		부탁		

긍정 추상 단어를 사용한 바람 문장:	긍정 추상 단어를 사용한 바람 문장:

4. 40대 남편 : 퇴근해서 집에 들어오면 피곤한데 유치원생 아이와 놀아야 하고, 집안일도 해야 한다.
요즘은 일주일에 하루라도 퇴근 후 아무것도 하지 않고 폰만 보며 쉬고 싶다.
오늘 저녁 아내가 '퇴근 후 당신이 하는 일은 알아서 좀 해줄래요?'라고 한다.

	나-________		너-________	
바람단어		**상황**		바람단어
		느낌		
		바람		
		부탁		

긍정 추상 단어를 사용한 바람 문장:	긍정 추상 단어를 사용한 바람 문장:

5주차 스스로 학습하기

연습하기 - 긍정의 질문형 부탁과 거절 받아들이기

명령	질문형 부탁	긍정의 질문형 부탁	나의 바람 + 긍정의 질문형 부탁	상대의 거절의 말	거절의 답을 들은 후 말하기 (앵무새 질문 + 너 느낌/바람 물어보기)
폰만 잡고 있지 마라				내가 알아서 할 거야!	
(‘세상이 엉망이야’라는 말을 듣고) 그런 말은 하지 마				싫어. 내 방식대로 말할 거야	

시나리오 만들고 역할놀이 하기

아래 일상대화 사례의 시나리오를 읽은 후
공감대화 시나리오를 만들어 보세요.
그리고 역할놀이를 해보세요.
(공감대화 시나리오에서 '공'이라고 적힌 사람이 공감대화의 달인입니다)

사례 –

일상대화 시나리오		

공감대화 시나리오		
	공.	
	공.	
	공.	
	공.	
	공.	
	공.	
	공.	
	공.	
	공.	
	공.	
	공.	
	공.	
	공.	
	공.	
	공.	
	공.	
	공.	
	공.	

긍정 추상 바람 단어를 사용하여 바람 말하기

나-상.느.바.부. / 너-상.느.바.부.를 적고
'바람' 단어를 적은 후 그 단어를 사용하여 문장을 만들어 보세요

보호자 : 깊은 계곡의 가족캠핑을 가서 저녁 식사 후 간식으로 마지막 남은 수박을 먹었다.
7살 자녀가 '수박, 또 줘!'라고 한다.
'그게 마지막 수박이야, 이제 없어.'라고 했지만 계속 달라고 한다.

	나-________		너-________	
바람단어		**상황**		바람단어
		느낌		
		바람		
		부탁		
	긍정 추상 단어를 사용한 바람 문장:		긍정 추상 단어를 사용한 바람 문장:	

직장인 : 동료의 상사가 말하기 시작하면 1시간은 기본으로 한다.
동료는 상사의 이야기를 들어야 하는 것에 지쳐서 직장생활을 힘들어하고 있다.

	나-________		너-________	
바람단어		**상황**		바람단어
		느낌		
		바람		
		부탁		
	긍정 추상 단어를 사용한 바람 문장:		긍정 추상 단어를 사용한 바람 문장:	

공감대화 표 활용

공감대화		
사례 :		
나 : 비난 / 평가하지 않으면서 솔직하게 나를 표현		**너 :** 상대방의 말을 비난 / 평가가 아닌 공감으로 듣고 상대를 짐작하여 표현
제가 ~~ 을 (보거나, 듣거나…) 했을 때	상황	당신이 ~~을 (보거나, 듣거나…) 했을 때
~~하게 느낍니다.	느낌	~~을 느끼십니까?
~~을 바라기 때문입니다.	바람	~~을 바라기 때문이지요?
~~해주시겠어요?	부탁	~~을 하기를 바라십니까?

옳은 말

– 아이를 잃은 엄마가 쓴 시 –

리타 모란

제발 내가 그것을 극복했는지 묻지 말아 주세요.
난 그것을 영원히 극복하지 못할 테니까요.

지금 그가 있는 곳이 이곳보다 더 낫다고 말하지 말아 주세요.
그는 지금 내 곁에 없으니까요.

더 이상 그가 고통 받지 않을 거라고는 말하지 말아 주세요.
그가 고통 받았다고 난 생각한 적이 없으니까요.

내가 느끼는 것을 당신도 알고 있다고는 말하지 말아 주세요.
당신 또한 아이를 잃었다면 모를까요.

내게 아픔에서 회복되기를 빈다고 말하지 말아 주세요.
잃은 슬픔은 병이 아니니까요.

내가 적어도 그와 함께 많은 해들을 보냈다고는 말하지 말아 주세요.
당신은, 당신의 아이가 몇 살에 죽어야 한다는 건가요?

내게 다만 당신이 내 아이를 기억하고 있다고만 말해 주세요.
만일 당신이 그를 잊지 않았다면.

신은 인간에게 극복할 수 있는 만큼의 형벌만 내린다고는 말하지 말아 주세요.
다만 내게 가슴이 아프다고만 말해 주세요.

제발 내가 마음껏 울도록
지금은 다만 나를 내버려둬 주세요.

6 주차

이렇게 말하면 통하는

공감대화 심화과정 공부하기

- 사례를 통한 공감대화 연습하기
- 질문의 다양화
- 시나리오 만들고 역할놀이 하기
- 긍정 추상 바람단어를 사용하여 바람 말하기
- 공감대화 설명하기

사례를 통한 공감대화 연습하기

<table>
<tr><td colspan="3">사례: (상황만 적으세요)

상황을 적은 사람 :</td></tr>
<tr><th>너-느낌</th><th>너-바람</th><th>너-부탁</th></tr>
<tr><td></td><td></td><td></td></tr>
<tr><td></td><td></td><td></td></tr>
<tr><td></td><td></td><td></td></tr>
<tr><td></td><td></td><td></td></tr>
</table>

질문의 다양화

2013년에 만들어진 영화 허(Her), 주인공 테오도르는 '당신에게 귀 기울여주고, 이해해주고, 알아주고, 말동무가 되어 줄 존재'라는 OS(Operating System 운영체제) 광고를 보고 호기심으로 구입합니다. 이 OS는 휴대폰보다 약간 작은 크기의 기기이고, 그 안에 사만다라는 여인이 있습니다. OS는 기본적으로 주인과 대화하고, 이메일을 정리하고, 스케줄을 관리해주며, 테오도르의 글을 모아 출판사로 보내기도 합니다. 사만다는 수백만 프로그래머의 개인 인격에 기초하여 만들어진 OS이고, 매 순간 진화한다고 합니다. 테오도르는 사만다와 대화를 나누고 경험을 공유하면서 서로 사랑에 빠집니다. 하지만 테오도르는 사만다가 자신과 대화하는 중에도 8316명과 동시에 대화를 하고 있고, 641명과 사랑에 빠졌다는 말을 듣고 무언가 잘못되었다고 생각합니다. 결국 이혼한 아내와 다시 시작하기 위하여 편지를 씁니다.

이 영화가 몇 년 후면 현실이 될까요? 이미 많은 사람이 휴대폰의 OS에게 질문을 하고 있습니다. 오늘 겪은 일을 거실의 AI스피커에게 이야기 하면 AI는 공감의 답을 하면서 알맞은 음악을 찾아서 틀어주고, 도움되는 차를 마시라고 알려줍니다. 알파고는 인간의 한계를 넘어선 바둑 프로그램으로 더 이상 사람과의 대국은 의미가 없다고 판단되어 은퇴시켰다고 합니다. '기계의 영역과 인간 영역이 어디까지인가'라는 의문이 드는 시대입니다.

테오도르가 솔깃했던 광고 문구 '귀 기울여주고, 이해해주고, 알아주고, 말동무가 되어주는 존재'가 인간이 서로 원하는 것이라고 생각됩니다. 인간은 서로 그것을 원하지만, 서로에게 그렇게 되어 주려고는 하지 않습니다. 그래서 인간이 OS에게 마음을 여는 시대가 달려오고 있습니다. 인간끼리는 서로 귀 기울이고, 이해하고, 말동무가 되어주는 것이 쉽지 않은 시대로 변화하고 있습니다. 그럼, 지금 우리는 어떻게 해야 할까요? 사만다가 테오도르에게 한 것처럼 내가 먼저 상대에게 귀 기울여주고, 공감을 해야겠지요? 그러면 상대도 자연스럽게 공감을 따라하게 될 것입니다.

공감하기의 중요한 방법 중 하나가 '질문하기'입니다. 공감대화를 생각하면 '질문하기'가 떠오르기만 해도 말이 변화할 것입니다. 질문하기는 2가지 방향으로 정리할 수 있습니다. 첫째 방향은 상대의 말을 들었을 때입니다. 들은 말을 앵무새처럼 그대로 따라하면서 끝을 질문으로 하는 것입니다. 둘째 방향은 내가 말을 할 때입니다. 내가 하는 말의 마지막을 질문으로 하는 것입니다. 나-상.느.바.부.를 말할 때 부탁은 질문형으로 하며, 부탁을 생략할 때는 '네 생각은 어때?'라는 질문으로 마무리하면 됩니다. 너-상.느.바.부.는 느낌, 바람, 부탁이 모두 질문입니다.

상대의 말을 듣고 앵무새 질문을 자연스럽게 하고 내 말의 끝에 '네 생각은 어때?'를 이어서 하려면 노력이 필요합니다. 몸에 깊게 배인 말, 주위에서 대부분 사용하고 있는 말의 형태를 바꾸는 것은 결코 쉽지 않습니다. 그럼에도 불구하고 공감으로 소통하여 풍요로운 삶을 만들어 가기 위해서 지속적인 노력을 해야 한다고 생각합니다.

질문을 받으면 답을 생각합니다. 답을 생각하면서 생각은 정리되고, 뻗어나갑니다. 답을 말하면서 설명하는 방법, 이해시키는 방법, 설득하는 방법 등을 터득하게 되는 것입니다. 다양한 질문은 다양한 사고의 밑거름이라고 생각합니다.

'밥 먹어라!'라는 명령을 들으면 어떤 답을 할 수 있을까요?

'밥 다 됐어. 지금 밥 먹을까?'라는 질문을 받으면 어떤 생각이 들까요?

'네가 밥 먹고 싶은 시간을 말해주면 그 시간에 맞추어서 준비하려고 하는데 몇 시에 먹을래?'라는 질문을 들으면 어떤 느낌이 생길까요?

말을 듣고 앵무새 질문을 하고, 말을 할 때 끝에 질문을 붙이는 것이 익숙해지면 다양한 질문을 시도해보세요. 질문을 진화시켜보는 것입니다. 다양한 질문을 만드는 방법은 수없이 많다고 생각합니다. 자신만의 다양한 질문을 만들어내고, 진화시켜가기를 바랍니다. 다양한 질문을 하면 전혀 예상하지 못한 답을 들을 수도 있습니다. 예상하지 못했던 것들에 대해서도 마음을 열고 대화를 나누면 어떨까요? 다양한 질문을 하려면 상대와 상황을 깊이 이해하고 여러 방향에서 볼 수 있는 힘이 있어야 합니다. 다양한 질문은 다양한 답을 찾도록 해줍니다. 답을 하는 사람은 구체적인 사고를 하게 되며, 이론을 행동으로 연결할 수 있는 힘이 생깁니다. 스스로, 기꺼이 긍정의 방향으로 나가게 됩니다. 그래서 자력이 향상됩니다.

질문을 다양하게 바꾸기 위한 출발점은 나-상.느.바.부.에서의 부탁입니다. 부탁을 질문형으로 하면 긍정의 답을 받을 확률이 높습니다. 그 다음은 생각이 넓어지고, 깊어지는 질문을 하는 것입니다.

"밥을 잘 챙겨먹어라."를 나-상.느.바.부.의 부탁으로 하면,

"네가 건강해지길 바라는데 밥을 잘 챙겨먹을래?"입니다.

이 상황에서의 다양한 질문은,

"네가 건강해지길 바라는데 밥을 잘 챙겨먹는 것에 대해 어떻게 생각해?"

"밥을 잘 챙겨먹으면 네 몸에 어떤 변화가 올까?"

"건강에 도움 되려면 식사를 어떻게 해야 할까?"입니다.

마지막 질문을 했을 때 답을 듣고 대화를 이어가면,

"규칙적으로 밥을 챙겨 먹어야겠지... 그런데 나는 뭔가를 규칙적으로 하는 것에 서툴러."

"규칙적으로 뭔가를 하는 것이 서투르구나?"

"응, 밥도 그렇고, 출근도 그렇고... 그래서 몸이 이런가 봐."

"불규칙적인 식사와 생활이 너의 몸을 이렇게 만들고 있어서 걱정되니?"

"살짝 걱정이 되기 시작하네..."

"살짝 걱정이 되기 시작했구나?"

"응, 매번 때우기를 하고 있어."

"간단히 식사를 해결하는 것에 익숙해진 거지?"

"응!"

"하고 싶은 일을 계속하려면 몸이 따라줘야 할 텐데... 그러려면 식사를 어떻게 하면 될까?"

"이제는 제대로 챙겨서 먹어야하는데... 아, 참, 먹는 것은 내 고민거리야!"

"그치, 네게 먹는 것은 고민거리겠다. 어떤 사람은 먹는 것이 행복한 일이기도 하더라고."

"먹는 것이 행복한 사람이 부럽다. 아무튼 나는 건강을 위해서라도 하루 한 끼는 밥을 챙겨 먹어야겠어."

"하루 한 끼는 밥을 챙겨 먹어야겠다는 말을 들으니 마음이 놓이네. 내가 무엇을 도울 수 있을까?"입니다.

공감대화로 핑퐁의 대화를 하면 공감을 받은 사람은 스스로 무엇인가를 결정하게 됩니다. 그 결정은 그 순간, 그 사람에게 최선의 결정입니다. 그것을 그대로 인정해주는 것이 공감대화입니다. 인정 받고, 공감 받고, 이해 받고, 수용 받는 등의 경험을 통해 자력이 자라고 스스로를 반듯이 세웁니다. 나아가 자신이 경험한 인정, 공감, 이해, 수용 등을 타인과 나눌 수 있게 될 것입니다.

이해가 안 될 때도 있습니다. 그 때는 이해하려고 힘쓰거나 이해 받으려고 조급해하지 말고 마음을 다해 말을 주고받으세요. 대화는 생각이 무엇인지, 어떤 것을 중요하게 여기는지, 지금 서 있는 곳이 어디인지 등을 주고받으며 아는 것, 함께 느끼는 것입니다. 대화는 공감까지입니다, 동감까지가 아닙니다.

이 글을 읽으시는 지금, 여러분은 왜 사세요?

이 질문에 어떤 느낌이세요? 바로 답을 할 수 있나요? 당황하고, 주저하게 되는 질문으로 짐작합니다. '왜?'라는 질문은 학문을 하는 사람에게는 필수적이지만 일상에서 사용할 때는 다른 단어로 바꾸는 것이 소통을 위해 도움이 됩니다. '왜?'라는 단어를 '무엇?', '어떻게?(어떤)'으로 바꾸기를 권합니다.

'무엇이 중요하다고 생각하고 사세요?'

'어떻게 사세요?'

'어떤 생각을 하며 사세요?'라는 질문은 범위가 좁혀져서 '왜 사세요?' 보다 답하기 수월할 것으로 보입니다.

명령/요청	끝을 질문으로 바꾸기	다양한 질문
몸이 아프면 병원에 바로 가!	몸이 아프면 병원에 바로 갈래?	몸이 아프면 병원에 가서 의사의 도움을 받기를 바라는데, 네 생각은 어때?
		몸이 아픈데 병원에 바로 가지 않는 것은 무슨 이유가 있는 거야?
		몸의 회복을 위해서 무엇을 하려고 생각하고 있어?
이 닦아라!	이 닦을래?	밥 먹었으니 바로 이 닦으면 어때?
		밥 먹고 3분 이내 이 닦는 습관을 만들기 바라. 언제 이 닦을 거야?
		밥 먹고 나면 충치균이 생기는데 어떻게 하면 충치균을 없앨 수 있을까?
공문을 오늘 내로 작성해!	공문을 오늘 내로 작성해줄래?	공문을 오늘 내로 작성하길 바라는데 네 시간은 어때?
		공문을 오늘 작성해서 발송해야 이 일이 마무리 되겠지?
		이 일을 마무리하려면 어떤 일을 진행하면 될까?

공감대화를 인식하면서 다양한 질문을 하고 답을 들으면 '앵무새 질문' 혹은 '상대의 느낌을 물어보는 질문', '상대의 바람을 물어보는 질문'을 연이어 하면 됩니다. 짧은 질문들로 핑퐁을 해보세요. 말을 세밀하게 인식하면서 공감대화를 하면 대화의 매력을 만끽할 수 있을 것입니다. 상대방과 함께 성장해나가는 경험으로 뿌듯할 수도 있습니다.

**비폭력대화는 자율성과 동시에 상호의존에 바탕한 도덕 관념이
자라도록 도와준다
그럼으로써 우리는 자신의 행동에 대한 책임을 인정하게 되고
우리 자신의 행복과 다른 사람의 행복이 서로 같은 것이며
하나라는 것을 인식하게 된다**

- '비폭력대화' 마샬 로젠버그-

연습하기 - 질문의 다양화

명령/요청	끝을 질문으로 바꾸기	다양한 질문
저를 있는 그대로 인정해주세요!	저를 있는 그대로 인정해주실래요?	저를 있는 그대로 인정해주시길 바라는데, 어떻게 생각하서요?
		우리 모두는 다른데... 저의 다름을 인정하기 어려우세요?
		제가 무엇을 위해서 그 말을 따라야 하나요?
(윗집에 가서) 저희 아이가 예민해요. 뛰지 좀 마세요!		
국밥이 싱거워요, 소금 좀 주세요		
부장님의 지시대로 하기에는 시간이 모자랍니다		
눈이 오면 바로 나와서 집 앞의 눈을 치우세요!		

시나리오 만들고 역할놀이 하기

아래 일상대화 사례의 시나리오를 읽은 후
공감대화 시나리오를 만들어 보세요.
그리고 역할놀이를 해보세요.
(공감대화 시나리오에서 '공'이라고 적힌 사람이 공감대화의 달인입니다)

사례 – (40대 남편) 영업직이기 때문에 일주일에 3일 이상 일과 관련된 사람과 술을 마셔야 한다 내 몸도 힘들지만 아내의 잔소리를 듣는 것이 더 힘들다		
일상대화 시나리오		
나		(접대한 다음 날 아침) 아, 머리 아파…
아내		머리가 안 아프면 이상하지…
나		왜? 또 삐딱해?
아내		이틀째 취해서 들어오는데 내가 안 삐딱하겠어?
나		접대하고 오는 거잖아.
아내		접대를 3차 노래방까지 해?
나		그 사람이 노래방에 가자고 해서 간 거야.
아내		당신이 가자고 했겠지. 새벽까지 신나게 놀구 왔더구먼!
나		나도 엄청 힘들거든!
아내		힘든 건 지금이고, 그 때는 재밌었지? 다음 날 생각은 하나도 안 해?
나		아고, 머리야… 국 좀 있어?
아내		국은 무슨 국! 먹고 싶으면 당신이 끓여 먹어!
나		아고, 머리가 더 아프구만…

6주차

공감대화 공부하기

공감대화 시나리오		
나	공.	(접대한 다음 날 아침) 아, 머리 아파…
아내		머리가 안 아프면 이상하지…
나	공.	(앵무새 질문)
아내		
나	공.	
아내		
나	공.	
아내		
나	공.	
아내		
나	공.	
아내		
나	공.	
아내		
나	공.	
아내		
나	공.	
아내		
나	공.	
아내		
나	공.	
아내		
나	공.	
아내		
나	공.	
아내		
나	공.	
아내		
나	공.	
아내		

긍정 추상 바람 단어를 사용하여 바람 말하기

나-상.느.바.부. / 너-상.느.바.부.를 적고
'바람' 단어를 적은 후 그 단어를 사용하여 문장을 만들어 보세요

1. 중학생 : 선천적으로 시력이 약해서 엄마는 게임을 20분만 하라고 하신다.
친구는 8시간 한다는 말을 들으면 속상하다.
엄마를 이해한다, 그런데 게임을 더 많이 하고 싶기도 하다.

	나-________		너-________	
바람단어		**상황**		바람단어
		느낌		
		바람		
		부탁		
	긍정 추상 단어를 사용한 바람 문장:		긍정 추상 단어를 사용한 바람 문장:	

2. 70대 아내 : 이 나이가 되어서도 남편의 끼니를 신경 써야 하는 것이 불편하다.
내가 밖에 있을 때는 라면으로 때우지 말고 준비해 놓은 것을 챙겨 먹기를 바란다.
오늘도 나갔다 오니 점심에 라면을 먹은 것으로 보인다.

	나-________		너-________	
바람단어		**상황**		바람단어
		느낌		
		바람		
		부탁		
	긍정 추상 단어를 사용한 바람 문장:		긍정 추상 단어를 사용한 바람 문장:	

3. 첫 발령 공무원 : 공무원 합격하여 첫 발령을 민원실로 받았다.
내 전공을 살려 복지정책 기획하는 곳에 지원했는데 이렇게 되어 답답하다.
인사과에 가서 이야기 하니 안타까워하며 다음 인사발령 때 다시 지원하라고 한다.

	나-________		너-________	
바람단어		**상황**		바람단어
		느낌		
		바람		
		부탁		
	긍정 추상 단어를 사용한 바람 문장:		긍정 추상 단어를 사용한 바람 문장:	

4. 60대 가족 : 추위가 계속되어 베란다 수도관이 얼었는지 세탁기에 물이 안 들어간다.
누워서 휴대폰을 보고 있는 자녀에게 말을 하니 '설비하는 곳에 연락해!'라고 한다.

	나-________		너-________	
바람단어		**상황**		바람단어
		느낌		
		바람		
		부탁		
	긍정 추상 단어를 사용한 바람 문장:		긍정 추상 단어를 사용한 바람 문장:	

공감대화 설명하기

<table>
<tr><td colspan="2">공감대화는</td></tr>
<tr><td>상황</td><td></td></tr>
<tr><td>느낌</td><td></td></tr>
<tr><td>바람</td><td></td></tr>
<tr><td>부탁</td><td></td></tr>
</table>

6주차 스스로 학습하기

질문의 다양화

일차	명령/요청	끝을 질문으로 바꾸기	다양한 질문
1일차			
2일차			
3일차			
4일차			
5일차			

시나리오 만들고 역할놀이 하기

아래 일상대화 사례의 시나리오를 읽은 후
공감대화 시나리오를 만들어 보세요.
그리고 역할놀이를 해보세요.
(공감대화 시나리오에서 '공'이라고 적힌 사람이 공감대화의 달인입니다)

사례 –

일상대화 시나리오		

공감대화 시나리오		
	공.	
	공.	
	공.	
	공.	
	공.	
	공.	
	공.	
	공.	
	공.	
	공.	
	공.	
	공.	
	공.	
	공.	
	공.	
	공.	
	공.	
	공.	

긍정 추상 바람 단어를 사용하여 바람 말하기

사례 :

바람단어	나-________		너-________	바람단어
		상황		
		느낌		
		바람		
		부탁		
	긍정 추상 단어를 사용한 바람 문장:		긍정 추상 단어를 사용한 바람 문장:	

사례 :

바람단어	나-________		너-________	바람단어
		상황		
		느낌		
		바람		
		부탁		
	긍정 추상 단어를 사용한 바람 문장:		긍정 추상 단어를 사용한 바람 문장:	

공감대화 표 활용

공 감 대 화		
사례 :		
나 : 비난 / 평가하지 않으면서 솔직하게 나를 표현		**너 :** 상대방의 말을 비난 / 평가가 아닌 공감으로 듣고 상대를 짐작하여 표현
제가 ~~ 을 (보거나, 듣거나...) 했을 때	상황	당신이 ~~을 (보거나, 듣거나...) 했을 때
~~하게 느낍니다.	느낌	~~을 느끼십니까?
~~을 바라기 때문입니다.	바람	~~을 바라기 때문이지요?
~~해주시겠어요?	부탁	~~을 하기를 바라십니까?

이렇게 말하면 통하는

공감대화

심화

부 록

부록 1. 연습하기 및 스스로 학습하기

1주차 공감대화 - 심화 과정 공부하기

사례를 통한 공감대화 연습하기

사례: (상황만 적으세요)

상황을 적은 사람 : 직장을 가진 엄마

퇴근 후 집에 오니 아들은 공부를 하고 있었고
식탁 위에는 음식 먹은 그릇이 놓여있었고,
싱크대에는 설거지할 것이 수북이 쌓여있었고,
화장실 앞에는 벗은 옷이 놓여 있었어요.

너-느낌	너-바람	너-부탁
속상하셨어요?	퇴근해서 정돈된 집을 보고 싶으셨지요?	아들에게 집 정돈에 대해 부탁하셨나요?
화나셨어요?	아들이 먹은 그릇은 설거지통 안에, 벗은 옷은 빨래 통에 넣어놓는 배려의 행동을 해주길 바라셨나요?	아들이 할 수 있는 배려에 대해 부탁하셨나요?
자랑스러우셨어요?	스스로 공부를 하는 모습을 보고 싶으셨지요?	아들에게 자율적 공부 습관을 만드는데 필요한 것이 있으면 이야기해달라고 하셨어요?
흐뭇하셨어요?	집안 일 신경 안 쓰고 공부에 집중하길 바라셨나요?	아들에게 앞으로도 집안일은 신경 쓰지 말고 공부에 집중하라고 하셨나요?

연습하기 - 소통을 방해하는 말을 공감대화로 바꾸기

소통을 방해하는 말	상황을 상상해서 적기	공감대화 (소통을 방해하는 말 → 나-상.느.바.부.)
그 아이는 게을러서 정리를 못해!	친구가 집에 와서 내 동생 방을 보았을 때 내가 한 말	나는 내 동생 방을 보면 속이 터져. 그 아이가 정리할 줄 알게 되길 바라.
그 사람은 말을 할 때 다른 사람을 생각하지 않고 마구 말해!	부장이 회의에서 신입사원의 근무태도에 대해 하는 말을 들은 후 내가 동료에게 한 말	나는 부장이 하는 말을 들으면 불편해. 다른 사람을 평가하거나 판단하기보다는 자신의 느낌과 바람을 말해주길 바라거든.
네가 이럴 줄 알았어…	친구가 약속에 30분 늦게 왔을 때 내가 한 말	나는 네가 제 시간에 오길 바랐거든! 짜증나~
당신이 그렇지 뭐…	연락 없이 밤 12시 넘어 술 마시고 귀가한 남편에게 아내가 한 말	나는 연락 없이 12시 넘어서 오면 걱정되고 짜증나. 늦을 때는 미리 연락하길 바라!
동생은 안 그러는데 너는 왜 그러니?	이번 주 3번 벗은 옷을 화장실 앞에 두는 큰아이에게 아빠가 하는 말	아빠는 네가 정리를 잘 하는 어른이 되길 바라거든. 이번 주 3번 벗은 옷을 화장실 앞에서 봤어. 빨래는 빨래 통에 넣기를 바란단다.
윗사람이 시켜서 거짓말을 했을 뿐이야	내가 상사의 지시로 고객에게 거짓말로 상품을 홍보했는데 그 상황을 알게 된 동료에게 내가 한 말	나는 거짓말 한 것에 대해 책임지고 싶지 않은데 책임지라고 할까봐 두려워.
원래 해오던 대로 했어. 원칙은 아니지만 해오던 것이라서…	나는 원칙을 따르지 않고 원래 해오던 방식으로 일을 했는데 선배가 지적하자 내가 한 말	나는 원래 해오던 방식을 그대로 했어요. 원칙대로 하지 않았다고 지적당하는 것이 억울하고, 속상해요.
주부라서 밥을 해야 하는 거야!	남편과 아내의 역할 문제로 부부싸움하다 남편이 아내에게 한 말	나는 주부가 밥하기 싫다고 말하는 것을 들으면 답답해. 나는 주부의 역할에 밥하기가 들어간다고 생각하니 기꺼이 식사 준비를 해주길 바라.

소통을 방해하는 말	상황을 상상해서 적기	공감대화 (소통을 방해하는 말 → 나-상.느.바.부.)
남자는 울면 안 돼!	친구와 말다툼하다 눈물을 흘리는 아들에게 아빠가 한 말	나는 남자가 자신의 감정을 있는 그대로 표현하면 안 된다고 생각해! 네가 우는 것을 보면 속상해.
여자니까 얌전하게 행동하는 거야!	레스토랑에서 뛰어다니는 딸에게 주인이 하는 말	나는 여자는 얌전해야 한다고 생각해. 그렇게 뛰어다니는 것을 보면 당황스러워.
장남은 책임감이 있어야 해!	일이 생겨 명절에 못 온다는 장남에게 아버지가 한 말	나는 네가 책임감 있는 장남이길 바란다. 장남이니까 명절에 꼭 와야 하는데 못 온다고 하니 답답하다.
너는 참 느리구나!	일을 마감 시간 내에 처리 못한 동료에게 내가 한 말	나는 그 일을 마감 시간 내에 처리하길 바랐는데 처리를 못한 것을 보니 난감하네.
잘했어!	7살 아이에게 휴지를 휴지통에 버려달라고 했고, 버렸을 때 내가 한 말	휴지통에 넣었구나, 고마워~
참 멋있구나!	가을 분위기에 맞는 옷을 코디해서 입고 나온 친구에게 내가 한 말	나는 그 옷이 가을 분위기에 어울려 보여.
시키면 시키는 대로 좀 해!	모둠별 과제 수행을 하는데 자꾸만 질문을 하는 친구에게 내가 한 말	나는 지금 자세히 설명할 시간이 없으니 일단 시키는 대로 하길 바라. 질문을 계속하면 늦어질까 봐 걱정돼.
빨리 좀 와!	회식에 오지 않고 일하고 있는 동료에게 내가 한 말	나는 회식에 올 거면 빨리 오길 바라. 네가 오길 기다리느라 음식이 식어가서 안절부절이야.
옷 좀 잘 입어라!	운동복 차림으로 친구를 만나러 가는 딸에게 아빠가 한 말	아빠는 네가 상황과 분위기에 어울리는 옷을 입고 다니기를 바라. 그 옷을 입고 나가는 너를 보면 답답해.

연습하기 - 간단 공감대화

간단 공감대화	(현재의 나) 친구가 어이없는 표정으로 말한다. '좀 전에 발을 밟혔는데, 그 사람이 뒤돌아서 나를 빤히 쳐다보면서 아무 말도 안 하더라고...'	(6살 아들) 아빠, 하늘에 해가 몇 개야?	(17살 자녀) 엄마, 나는 명령을 들으면 기운이 빠져요. 질문으로 말해주실래요?	(직장인) 동료가 며칠 전에 알려준 것을 잊어버리고 오늘 일하면서 실수를 했다. 동료는 '알려준 것을 잊어버렸어? 메모 좀 해라...'
앵무새 질문	아무 말 없이 너를 빤히 쳐다봤어?	하늘의 해가 몇 개냐고?	명령하지 말고 질문으로 말해달라고?	메모하라구?
너 '느낌' 질문	어이없었겠네?	궁금하구나?	그동안 많이 맥 빠지고, 섭섭했겠구나?	답답해?
너 '바람' 질문	정중히 사과해주기를 바랐지?	해가 몇 개인지 알고 싶어?	명령보다는 먼저 네 의견을 물어봐주길 바라는 거지?	내가 알려줄 때마다 메모하고 잊지 않기를 바라지?
내 '느낌'	내가 그 이야기를 들으니 어이없다...	아빠가 그 질문을 들으니 놀랍네!	내가 네 말을 들으니 당황스럽네...	나도 속상해
내 '바람'	내 의견을 말해도 될까?	궁금한 것은 언제든지 물어보길 바라!	나도 너와 소통하기 위해 질문으로 능숙하게 말하고 싶다...	처음 하는 일이니까 이 정도의 실수는 이해해 주길 바라거든...
어떻게 생각하세요?	어때? 들어볼래?	너는 하늘의 해가 몇 개라고 생각해?	어떻게 생각해?	어떻게 생각해?
웃음으로 마무리	그 사람에게 '놀라셨어요?' 하고 웃었으면 어땠을까? 하하하	우리 아들의 기발한 질문을 들으니 행복해! 하하하	엄마가 명령할 때마다 와서 꼭 안으며 '질문!'이라고 말하면 어떨까? 하하하	메모도 꼼꼼히 하고, 숙지해서 실수 없도록 할게. 그래도 실수하면 좀 봐주실 거지? 하하하

1주차 스스로 학습하기

하루 1회 소통을 방해하는 말을 적고 공감대화로 바꾸기

일차	소통을 방해하는 말	공감대화
1일차	빨리 안 일어나!	학교에 늦을까봐 걱정이네. 자율적으로 생활하는 습관을 만들기를 바라는데, 어떻게 생각해?
2일차	학원 안 가겠다고..... 너는 왜 그렇게 무책임하니?	학원 안 가겠다고? 그럴만한 사정이 있는 거야? 나는 네가 솔직하게 이유를 말해주길 바라. 공감으로 들을 테니 말해줄래?
3일차	요즘 밥도 하기 싫고.... 난 가기 싫었는데 마침 친구가 가자고 해서 노래방에 간 거야.	요즘 밥도 하기 싫고... 힘들었거든. 마침 친구의 제안도 있고, 스트레스를 풀지 않으면 병이 나거나 가족에게 화풀이할 것 같아서 노래방에 가기로 결정한 거야. 이해해주기를 바라는데, 어떻게 생각해?
4일차	옆집 남편은 가사일도 다 알아서 척척 해 준다는데, 도대체 당신은 집에서 하는 게 뭐야?	피곤해? 그래도 내가 8시부터 청소하고 있는데 당신이 누워 TV만 보고 있는걸 보니 어이없고 화가 나거든. 피곤하더라도 저녁 먹기 전까지는 분리수거 하기를 바라는데... 어떻게 생각해?
5일차	그 친구는 좀팽이야.	그렇게 행동하는 친구를 보면 답답해. 그 친구가 사람들에게 좀 더 배려있고, 따뜻하게 대해주길 바라거든. 넌 어떻게 생각해?

하루 1회 앵무새 질문 연습하기

일차	내가 들은 말	내가 한 앵무새 질문
1일차	쓰레기를 바닥에 버리는 것을 보면 화가 머리끝까지 치밀어 오른다고...	쓰레기를 바닥에 버리는 것을 보면 화가 나?
2일차	회사에서 진행되는 업무가 재밌고, 이 일을 하는 것이 행복해.	업무가 재밌고, 그 일을 하는 것이 행복해?
3일차	왜 요즘 애들은 줄임말 신조어들을 그렇게 많이 쓰는 걸까?	요즘 아이들이 왜 줄임말 신조어를 많이 쓰느냐고?
4일차	그 대답은 유머감각이 떨어진 것 같아 재미없거든.	유머감각이 떨어진 것 같아 재미없어?
5일차	나는 먹는 것보다 잠이 더 좋아.	먹는 것보다 잠이 더 좋구나?

부록

간단 공감대화 연습하기

간단 공감대화	사례 : 늦잠 자는 아이를 깨웠더니... 늦잠 자야 하는 이유가 있는데 막 깨운다며 짜증을 낸다. '어제 늦게까지 해야 할 게 있어 새벽에 잤거든. 알지도 못하면서 그렇게 막 깨우면 어떡해?'	사례 : 코로나19 상황이 심해지고 있는데 공공장소에서 마스크를 쓰지 않은 사람을 보고 동료가 말한다. '저 사람은 도대체 생각이 있는지 없는지 모르겠다니까요!'
앵무새 질문	알지도 못하면서 막 깨우면 어떻게 하냐고?	저 사람이 생각이 있는지 없는지 모르겠다고?
너 느낌 질문	짜증나는구나?	불안한 거지?
너 바람 질문	네가 자율적으로 일어나기를 믿고 기다려 달라는 거지?	사람들이 공동체의 안녕과 건강을 위한 일에 관심을 갖고 실천해주길 바라는 거니?
내 느낌	늦잠 자는 너를 보니 불안했어.	나도 그렇게 마스크를 쓰지 않은 사람들을 보면 불안하고 열 받더라고...
내 바람	너의 자율성을 믿고 존중하며 살고 싶거든. (부탁: 평상시와 다른 상황이 되면 미리 네 일정을 문자나 톡으로 알려줄래?)	공동체의 안녕보다 자기의 편안함 때문에 마스크를 쓰지 않는 사람들에 대해 처벌을 강화해주길 바라는데... (부탁: 우리가 저 사람에게 말해볼까?)
어떻게 생각하세요?	어떻게 생각해?	어떻게 생각해?
웃음으로 마무리	오늘 모르고 깨워서 미안하니까 일어나면 네가 좋아하는 맛탕을 해줄 테니 이제 서로 웃는 것으로 할까? 하하하	코로나19 때문에 힘든 시기인데.... 그래도 우리 너무 인상 쓰지 말고 웃고 살까? 하하하

의도적으로 '느낌' 단어 사용하기

일차	'느낌' 단어	사용 문장 1개 적기
1일차	곤란한	나는 같이 운동하기로 약속을 했는데 미세먼지가 심해서 약속을 지켜야 할지, 말지 곤란하네.
	스스로 고른 '느낌' 단어 지친	나는 오전 내내 청소하고, 설거지하고, 분리수거하느라 너무 지쳐버렸다.
2일차	혼란스러운	나는 형과 동생이 다툰 이유를 듣고 나니 각각의 말이 너무 달라서 누구 말이 사실인지 혼란스럽다.
	스스로 고른 '느낌' 단어 마음 아픈	나는 딸이 이성친구와 헤어졌다는 말을 듣고는 마음이 아팠다.
3일차	단절된	나는 모임에서 서로 다른 이야기만 하는 걸 들으니 단절된 느낌이 든다.
	스스로 고른 '느낌' 단어 기운 빠지는	자연재해 때문에 고향에 갈 수 없다는 뉴스를 보니까 기운이 빠진다.
4일차	거북한	나는 아내가 내 말을 귀 기울여 듣지 않는 것으로 보이는데 말을 계속하면서 거북했다.
	스스로 고른 '느낌' 단어 가슴 뭉클한	골목 깊은 곳에 사시는 분들께 연탄을 배달하는 자원봉사자들의 소식을 들으니 가슴이 뭉클해졌다.
5일차	지루한	코로나 확산으로 외출하기 힘들어 하루 종일 집안에만 있다 보니 너무 지루하다.
	스스로 고른 '느낌' 단어 야속한	나는 아이가 나보다 자기 친구를 더 걱정하는 말을 들었을 때 야속했다.

공감대화 표 활용

공 감 대 화		
형과 동생이 서로 험한 말을 하며 싸우는 것을 본 아빠		
나: 아빠 비난 / 평가하지 않으면서 솔직하게 나를 표현		**너: 형과 동생** 상대방의 말을 비난 / 평가가 아닌 공감으로 듣고 상대를 짐작하여 표현
제가 ~~ 을 (보거나, 듣거나...) 했을 때 아빠가 험한 말을 하면서 싸우는 너희들을 보니	상황	당신이 ~~을 (보거나, 듣거나...) 했을 때 너희가 이렇게 험한 말로 싸우는 것은
~~하게 느낍니다. 속상하다	느낌	~~을 느끼십니까? 둘 다 화가 많이 났구나?
~~을 바라기 때문입니다. 지혜롭게 갈등을 해결하기를 바라거든	바람	~~을 바라기 때문이지요? 너희가 해결할 때까지 아빠가 기다려 주길 바라니, 아니면 중재해주길 바라니?
~~해주시겠어요? 서로에게 상처가 되는 말 보다 그 순간의 느낌과 바람을 말하면서 대화를 해볼래?	부탁	~~을 하기를 바라십니까? 너희가 결정할 때까지 잠시 기다려줄까?

2주차 공감대화 - 심화 과정 공부하기

사례를 통한 공감대화 연습하기

사례: (상황만 적으세요)

상황을 적은 사람 : 중학교 3학년

기계 다루는 것에 흥미가 많아서 특성화고등학교에 진학하고 싶어요.
어제 아버지와 1시간 이야기를 나누었는데
아버지는 화를 내시며 무조건 인문계를 가야 한다고 하셨어요.

너-느낌	너-바람	너-부탁
답답해?	아버지께서 기계에 대한 너의 흥미를 이해해주시기를 바라지?	아버지께 기계에 대한 너의 흥미를 설명할 기회를 달라고 부탁했니?
섭섭해?	아버지께서 너를 믿고, 너의 결정을 인정해주기를 바라지?	아버지께 너를 믿고 지지해달라고 부탁했니?
흐뭇하니?	아버지와 너의 미래에 대해 대화하는 기회를 갖기를 바랐지?	아버지께 네가 이런 시간을 종종 갖기를 바란다고 말씀드리고 시간을 내달라고 부탁했어?
두려워?	아버지로부터 너의 흥미와 적성에 맞는 진로 설계를 지지 받고, 도움 받고 싶지?	아버지께 너의 결정을 지지해달라고, 그리고 도움을 요청하면 도와달라고 부탁해봤어?

연습하기 - 공감으로 연결하는 것을 방해하는 대화를 하기 전에 물어보기

공감으로 연결하는 것을 방해하는 대화	말하기 전 물어보기 -. 상대의 느낌 -. 내가 00을 해도 될까?	공감대화 (나의 말 + 어떻게 생각하세요?)
조언하기 : 내 생각에는 너는 ~해야 해	-. 상대의 느낌 말하고 나니 좀 편안해졌어? -. 내가 00을 해도 될까? 내가 조언을 해도 될까?	조언 + 어떻게 생각하세요? (나는 네가 이 상황을 예민하지 않게 받아들이기를 바라. 어떻게 생각해?)
한 술 더 뜨기 : 그건 아무 것도 아니야, 나는 더한 일이 있었는데	-. 상대의 느낌 말하고 나니 좀 홀가분해졌어? -. 내가 00을 해도 될까? 내가 그보다 더 한 이야기를 말해도 될까?	더 한 이야기 + 어떻게 생각하세요? (나는 그것보다 훨씬 더한 일이 있었어. 뭐냐면... 내 말을 들으니 어때?)
가르치려 들기 : 이건 네게 좋은 경험이 될 꺼야. 여기서 배워	-. 상대의 느낌 말하고 나니 좀 화났던 감정이 가라앉았어? -. 내가 00을 해도 될까? 내가 의견을 말해도 될까?	의견 말하기 + 어떻게 생각하세요? (나는 이 일이 네게 좋은 경험이 되길 바라, 어떻게 생각해?)
위로하기 : 네 잘못이 아니야, 너는 최선을 다했잖아	-. 상대의 느낌 말하고 나니 좀 후련하니? -. 내가 00을 해도 될까? 내가 위로의 말을 해도 될까?	위로 + 어떻게 생각하세요? (나는 이 일이 네 잘못이 아니라고 생각해. 너는 최선을 다 했다고 보이는데, 어떻게 생각해?)

다른 이야기 꺼내기 : 그 말을 들으니 이 이야기가 생각난다	-. 상대의 느낌 말하고 나니 좀 시원해? -. 내가 00을 해도 될까? 내가 그 말을 들으니 생각나는 이야기를 해도 될까?	다른 이야기 + 어떻게 생각하세요? (내가 생각나는 이런 이야기가 있어. ..... 이 이야기를 듣고 나니 어때?)
말을 끊기 : 그만하고 잊어버려. 기운 내	-. 상대의 느낌 말하면서 그 때 감정이 다시 올라오니? -. 내가 00을 해도 될까? 내가 의견을 말해도 될까?	말을 멈추게 하고 + 어떻게 생각하세요? (나는 이 일에 대해 더 이상 말하지 않는 것이 네게 도움이 될 것으로 생각되는데, 어떻게 생각해?)
동정하기 : 안됐구나, 어쩌면 좋으니….	절대로 하지 않기!	
심문하기 : 언제부터 그런 거야?	-. 상대의 느낌 말하고 나니 좀 풀렸어? -. 내가 00을 해도 될까? 나는 궁금한 것이 있는데 물어도 될까?	궁금한 것 묻기 (언제부터 그런 것인지 궁금한데, 말해줄 수 있어?)
설명하기 : 그게 어떤 거냐 하면,	-. 상대의 느낌 말하고 나니 좀 편안해졌어? -. 내가 00을 해도 될까? 내가 의견을 말해도 될까?	의견 말하기 + 어떻게 생각하세요? (나는 그 사람의 말이 고의가 아니고 무의식에서 나온 것으로 보이는데, 어떻게 생각해?)
바로잡기 : 그건 네가 잘못 생각한 거야. 이렇게 생각해야 해	-. 상대의 느낌 말하고 나니 좀 안정되니? -. 내가 00을 해도 될까? 내가 의견을 말해도 될까?	의견 말하기 + 어떻게 생각하세요? (나는 이렇게 생각해보기를 바라는데, 어떻게 생각해?)

화가 나면 이렇게 하겠습니다

공감대화로 화를 표현하는 4단계를 적어보세요	
1단계	잠깐 멈추고 크게 숨을 쉰다.
2단계	올라오는 모든 생각들을 인식한다(1~2분간) (상대를 비난하고 원망하는 생각, 자신을 비하하는 생각 등)
3단계	'바람'을 찾는다. (자신이 원하는 것과 다른 상황이어서 '화가 나는구나'라고 인식)
4단계	'바람'을 말하고, 바라는 대로 되지 않아 올라오는 '화'를 표현한다. (목소리를 높이고, 얼굴을 찡그리고, 손을 흔드는 등의 표현으로 화를 표현)

공감대화로 화를 표현하는 4단계 **사례: (40대 아내) 결혼 후 10년 동안 명절 때마다 시댁에 먼저 갔다. 이번 명절에는 우리 집부터 가고 싶다. 세상이 변하고 있고, 우리 가족도 변해야 한다고 생각한다. 홀수 해에는 시댁 먼저 가고, 짝수 해에는 친정부터 가자고 남편에게 말하니, '당신 왜 그래? 페미니스트야? 하던 대로 하자 좀!' 이라는 말을 듣고 화가 났다.**	
1단계	잠깐 멈추고 크게 숨을 쉰다.
2단계	시대에 뒤처지는 인간. 나도 더 이상은 양보 못 해. 대화를 할 수 없는 사람을 남편으로 선택하다니... 세상이 변하지만 생활을 바꾸기는 어렵지... 10년 동안 시댁먼저 갔더니 당연한 줄 알거야! 친정부터 갔다 오면 시댁에서 뭐라 하는 소리 듣기 싫겠지.
3단계	내 의견에 대해 대화를 나누고 싶다. 시대의 흐름에 맞춰 남편의 사고와 행동이 변화해 주기를 바란다. 시댁과 친정에 번갈아 가길 바란다.
4단계	바람 : 시대의 흐름에 맞춰 명절 생활 형태를 바꾸는 것에 대하여 대화를 나누고 싶어. 나-상.느.바.부. : 나는 당신의 그 말을 들으면 답답하고 화가 난다고! 내일 이것에 대해 차분히 대화를 해보면 어때?'

공감대화로 화를 표현하는 4단계 **사례: (18세 청소년) 투표를 할 수 있는 나이가 19세에서 18세로 바뀌었다. 하지만 나는 정치에 관심이 없다. 부모가 정치에 관심을 가지라고 잔소리를 한다. 오늘도 정치 이야기를 하면서 자신의 의견을 강요하는 것을 듣고 화가 났다.**	
1단계	잠깐 멈추고 크게 숨을 쉰다
2단계	관심이 없는 걸 어쩌라고? 내가 관심 있는 영역은 정치보다는 역사나 문화인데 그것도 모르시면서... 강요하면 오히려 더 관심 없어지는데 도대체 왜 저러는 거야? 정치보다 자식 일에 더 관심을 쏟으시지...
3단계	부모의 의견을 강요하지 말기를 바란다. 뭐든지 내 의견을 물어봐주길 바란다. 내가 무엇에 관심이 있는지 살펴주기를 바란다.
4단계	바람 : 저는 부모님께서 무엇이든 제 의견을 물어봐주시기를 바라요! 나-상.느.바.부. : 저는 정치에 관심을 가지라는 말을 들으면 기운이 빠지고 거부감이 들어요. 먼저 제게 정치에 관심이 있는지를 물어봐주실래요?

공감대화로 화를 표현하는 4단계 **사례: 서류 준비를 나누어 하자고 협의하여 앞부분은 내가, 뒷부분은 동료가 오늘까지 만들기로 하였는데 동료가 오늘 출근을 안 했고, 연락도 없는 것을 보고 화가 났다.**	
1단계	잠깐 멈추고 크게 숨을 쉰다.
2단계	무책임한 놈이네, 어이없네. 짜증나네, 상종 못할 자식이네. 잠수 탔나? 어디 아픈 건가? 사고 났나? 이 상황을 어쩌지... 난감하네....
3단계	약속한 것에 대한 책임을 지기를 바란다. 사전에 상황을 설명해주거나 연락해 주기를 바란다. 지금이라도 연락을 바란다. 한 것만이라도 보내주길 바란다.
4단계	바람 : 사전에 상황에 대해 설명을 해 주거나 연락을 해 주기를 바랐어요. 나-상.느.바.부. : 나는 미리 연락을 받지 못해서 화가 나고 짜증나거든요. 오늘 오후 5시까지라도 당신이 맡은 부분을 해서 보내주길 바라는데, 가능할까요?

시나리오 만들고 역할놀이 하기

아래 일상대화 사례의 시나리오를 읽은 후
공감대화 시나리오를 만들어 보세요.
그리고 역할놀이를 해보세요.
(공감대화 시나리오에서 '공'이라고 적힌 사람이 공감대화의 달인입니다)

사례 – 중학교 1학년 아들이 '나는 아이돌이 될꺼야!'라고 하며 바로 신나게 춤을 추기 시작한다!

일상대화 시나리오		
중학생 아들		나는 아이돌이 될 거야!
아빠		아이돌은 아무나 하냐?
중학생 아들		왜? 난 못 할 것 같아?
아빠		몸이 일단 말라야 하는데, 너는 아니지? 그리고. 춤 잘 춰? 얼굴은?
중학생 아들		살 빼면 되지, 춤은 이만 하면 합격, 얼굴도 뭐 이만 하면... 헤헤헤
아빠		아이고, 제 눈에 안경이구만!
중학생 아들		아빠는 왜 내 꿈을 짓밟고 그래? 아빠 맞아?
아빠		꿈이 꿈같아야 인정을 하지...
중학생 아들		완전 꼰대야~
아빠		나 꼰대 아니다! 이래봬도 어느 세대와도 소통 잘 한다고!
중학생 아들		그런데 왜 나한테는 맨날 잔소리야?
아빠		너 잘 되라고 잔소리 한 거지.
중학생 아들		잔소리해서 잘 되면 이 세상 모든 아이들이 잘 됐겠지.
아빠		너도 부모 돼 봐라...
중학생 아들		난 부모 되면 잔소리 안 할 거야! 아들이 하자는 것을 다 지지할 거야.
아빠		아들아, 이 아빠도 그러고 싶단다... 에효...

공감대화 시나리오		
중학생 아들		나는 아이돌이 될 거야!
아빠	공.	(앵무새 질문) 아이돌이 될 거라고?
중학생 아들		왜? 난 못 할 것 같아?
아빠	공.	못 할 것 같으냐고?
중학생 아들		응. 아빠는 내가 못 미더운 거지?
아빠	공.	아빠가 너를 믿지 못하는 것 같아 서운하고 섭섭하니?
중학생 아들		당연하지. 아빠는 내가 춤도 잘 못 추고, 얼굴도 안 된다고 생각하잖아?
아빠	공.	아빠가 우리 아들을 그렇게 생각한다고 보였어?
중학생 아들		그럼 아니야?아빤 내 꿈이 황당하지?
아빠	공.	아빠가 너의 꿈을 응원해주지 않는 것 같아 속상한 거야?
중학생 아들		당연히 속상하지! 나도 나름대로 내 꿈에 대해 고민이 많거든...
아빠	공.	고민이 많구나?
중학생 아들		응... 내가 아이돌이 될 수 있을까?
아빠	공.	아빠의 의견이 궁금해?
중학생 아들		응! 궁금해!
아빠	공.	아빠가 보기에 아이돌은 엄청 말라야하고, 춤도 잘 춰야 하고, 얼굴도... 그래서 네가 아이돌이 되겠다고 하면 걱정이 되긴 하지.
중학생 아들		살 빼면 되지, 춤은 이만 하면 합격, 얼굴과 몸이 좀 문제이긴 하지? 성형할까?
아빠	공.	얼굴과 몸을 성형해서라도 아이돌이 하고 싶은 거야?
중학생 아들		뭐, 딱 그렇지는 않은데, 내가 춤은 좀 잘 추거든.
아빠	공.	네가 춤은 잘 춘다고 생각하는구나?
중학생 아들		응, 봐봐, 멋지지?
아빠	공.	아빠의 의견이 궁금해?
중학생 아들		응!
아빠	공.	아빠는 네 춤이 멋져. 그런데 내가 춤을 평가해 본 적이 없어서... 내 평가에 자신이 없어. 네 친구들이 뭐라고 해?
중학생 아들		그냥, 그래. 내가 잘 추는 편은 아니구, 친구들도 나 정도는 다 춰.
아빠	공.	아 그렇구나, 그런데도 아이돌이 되고 싶은 거야?
중학생 아들		응. 되고 싶은 마음도 있고, 안 될 거라는 생각도 있고... 모르겠어.
아빠	공.	아, 너도 아직은 잘 모르겠구나?
중학생 아들		응. 그냥 춤을 추면 재밌어.
아빠	공.	춤 추는 것이 재미있구나?
중학생 아들		응. 내가 아이돌이 된 것 같기도 하고... 하여튼 춤 출 때는 신나!
아빠	공.	아, 춤 출 때는 신나는구나?
중학생 아들		응!
아빠	공.	아빠 의견을 들어볼래?
중학생 아들		응! 뭔데?
아빠	공.	아빠는 네가 신나는 일을 열심히 하길 바라. 아빠가 지지하고 응원해줄게. 네가 신나고 재밌는 일이 있다는 것이 기쁘다!
중학생 아들		아 그래? 혼날 줄 알았는데... 아빠 고마워, 응원하고 지지해줘서!

부록

2주차

스스로 학습하기

하루 1회 말을 하기 전에 물어보기

일차	상황	말하기 전 물어보기 -. 상대의 느낌 -. 내가 00을 해도 될까? -. 나-상.느.바.부. + 어떻게 생각하세요?
1일차	동료가 아메리카노에 얼그레이 홍차를 넣어서 먹으면서 맛있다고 같은 것을 시키자고 한다.	-. 상대의 느낌 아하, 그러면 맛있구나? -. 내가 00을 해도 될까? 내 의견을 말해도 될까? 응! 뭔데? -. 나-상.느.바.부.+ 어떻게 생각하세요? 나는 그건 안 마시고 싶어. 커피는 커피 본연의 맛으로, 홍차도 본연의 맛으로 마시고 싶은데, 어때?
2일차	할머니께서 이제 취직한 나에게 '아이고, 내 손자! 축하한다. 이제 결혼만 하면 되겠구나!'라고 하신다.	-. 상대의 느낌 할머니 지금 기쁘고 기대되시죠? -. 내가 00을 해도 될까? 제 의견을 말해도 될까요? 오냐! 뭔데? -. 나-상.느.바.부.+ 어떻게 생각하세요? 저는 좀 당황스러워요. 2년 정도는 회사 일에만 집중하고 싶어요. 이 분야의 전문가가 되고 싶거든요. 어떻게 생각하세요?
3일차	오늘은 내가 저녁식사를 준비하는 날이다. 시간 맞추어 오겠다고 한 아내가 차가 막혀서 20분 늦게 왔다.	-. 상대의 느낌 늦게 도착해서 좀 미안하지? -. 내가 00을 해도 될까? 지금 내 기분을 말해도 돼? 응! 뭔데? -. 나-상.느.바.부.+ 어떻게 생각하세요? 나는 당신이 차가 막힌다고 하며 늦게 오면 화가 나! 차 막힐 시간도 고려해서 출발하길 바라거든! 어떻게 생각해?
4일차	16살 자녀가 드라마를 보면서 울고 있다.	-. 상대의 느낌 드라마가 슬퍼? -. 내가 00을 해도 될까? 내 느낌을 말해도 될까? 응! 뭔데? -. 나-상.느.바.부.+ 어떻게 생각하세요? 나는 네가 드라마를 보며 우는 것을 보니 기쁘네. 감정을 솔직하게 표현하길 바라거든. 그런 편이라고 생각하니?
5일차	아빠가 시험공부를 하느라고 피곤해하는 나에게 '오늘은 그만 자고 내일 새벽에 일어나서 하면 어때?'라고 하신다.	-. 상대의 느낌 제가 걱정되세요? -. 내가 00을 해도 될까? 제 습관을 설명드려도 될까요? 오냐! 뭔데? -. 나-상.느.바.부.+ 어떻게 생각하세요? 저는 밤에 집중이 잘되서 이 방법을 좋아해요. 조금 더 하고 잘게요. 평소처럼 일어나려고 해요. 어떻게 생각하세요?

4단계로 화를 표현하기

공감대화로 화를 표현하는 4단계를 적어보세요	
1단계	잠깐 멈추고 크게 숨을 쉰다.
2단계	올라오는 모든 생각들을 인식한다(1~2분간) (상대를 비난하고 원망하는 생각, 자신을 비하하는 생각 등)
3단계	'바람'을 찾는다. (자신이 원하는 것과 다른 상황이어서 '화가 나는구나'라고 인식)
4단계	'바람'을 말하고, 바라는 대로 되지 않아 올라오는 '화'를 표현한다. (목소리를 높이고, 얼굴을 찡그리고, 손을 흔드는 등의 표현으로 화를 표현)

공감대화로 화를 표현하는 4단계 **사례: 운전을 하고 가는데 왼쪽 차선의 차가 깜박이도 켜지 않고 내 앞으로 바로 들어와 부딪힐 뻔 했다. 어찌나 놀랐는지 화가 치솟았다.**	
1단계	잠깐 멈추고 크게 숨을 쉰다
2단계	와, 저걸 운전이라고 하는 거야? 사고 날 뻔한 것도 모르나 보네, 어이없다. 만약 사고가 났으면? 휴... 안 나길 다행이긴 하지만... 이러다 사고 나도 내가 몇 퍼센트의 책임이 있다니, 뭔가 불합리하네!
3단계	나는 저 차 운전자가 차선 변경 시 깜박이를 켜는 교통 법규를 지키기를 바란다. 나는 저 차 운전자가 차선 변경할 때 고개를 돌려 주의를 기울이기를 바란다.
4단계	바람 : 나는 저 차 운전자가 차선 변경을 할 때 깜박이를 꼭 켜서 안전운전이 되기를 바라! 나-상.느.바.부. : 나는 저렇게 운전하는 것을 보면 놀라고 화가 나! 저 운전자님, 제 말을 듣지는 못하겠지만 꼭 깜박이 켜고 주의 살핀 후 차선 변경해주실래요?

시나리오 만들고 역할놀이 하기

아래 일상대화 사례의 시나리오를 읽은 후
공감대화 시나리오를 만들어 보세요.
그리고 역할놀이를 해보세요.
(공감대화 시나리오에서 '공'이라고 적힌 사람이 공감대화의 달인입니다)

사례 : 아빠가 자동차 가는 소리를 내며 노는 6살 아이에게 '시끄럽다'고 소리치자, 울면서 엄마에게 온다.

일상대화 시나리오		
6살 아이		(찔금찔금 운다) 잉잉잉...
엄마		왜 울어?
6살 아이		아빠가 시끄럽대...
엄마		그런데 왜 울어? 그게 울 일이야?
6살 아이		(또 찔금찔금 운다) 잉잉잉...
엄마		울지 마! 소리만 줄이고 놀아!
6살 아이		알겠어...
엄마		너는 울 일도 아닌데 자꾸 울더라..., 참 걱정이다...

공감대화 시나리오		
6살 아이		(찔금찔금 운다) 잉잉잉…
엄마	공.	(너-느낌 물어보기) 마음이 아프니?
6살 아이		응. 아빠가 시끄럽대….
엄마	공.	아빠가 시끄럽다고 했어?
6살 아이		응! 아빠는 나한테 짜증만 내.
엄마	공.	아빠가 짜증만 내서 속상하구나?
6살 아이		응! 아빠가 짜증 안 내고 나랑 놀면 재밌을텐데…
엄마	공.	아빠와 함께 놀기를 바라는구나?
6살 아이		응! 아빠 비행기 타면 재밌어. 목마도 재밌구!
엄마	공.	아빠 비행기도 목마도 재밌구나?
6살 아이		응! 진짜 재밌어. 엄마도 타봐!
엄마	공.	엄마도 타보길 바라?
6살 아이		응. 그런데 엄마는 커서 안 되겠다. 헤헤헤
엄마	공.	엄마는 커서 안 돼? 안 된다니 서운하네!
6살 아이		헤헤헤, 엄마가 타면 아빠 무너질 거야.
엄마	공.	아빠가 무너진다구?
6살 아이		응, 헤헤
엄마	공.	이제 엄마가 하나 물어봐도 될까?
6살 아이		응, 뭐야?
엄마	공.	아빠는 무엇 때문에 '시끄럽다!'라고 하셨을까?
6살 아이		음, 피곤하신가봐…
엄마	공.	아, 아빠가 피곤해서 그렇게 말씀하셨구나?
6살 아이		응. 그런가봐…
엄마	공.	아빠가 피곤할 때는 네게 어떻게 말해주기를 바라니?
6살 아이		'아빠 피곤하다. 조용히 해줄래?'라고 하면 내가 안 울 수 있어.
엄마	공.	아하, 아빠가 그렇게 말하면 네가 안 울 수 있구나?
6살 아이		응!
엄마	공.	그럼 지금 아빠에게 그렇게 말해보면 어때?
6살 아이		무서워…
엄마	공.	지금 아빠에게 말하기 무섭구나?
6살 아이		응!
엄마	공.	그럼 언제 말해볼까?
6살 아이		몰라… 무서워…
엄마	공.	내일 아빠 기분 좋을 때 말해볼까?
6살 아이		그래, 내일 말해볼게…
엄마	공.	그러자, 이제 자동차 가지고 어떻게 놀면 될까?
6살 아이		조용히 놀게, 헤헤헤

의도적으로 '바람' 단어 사용하기

일차	'바람' 단어	사용 문장 적기
1일차	자율	나는 방학 계획을 자율적으로 세워서 실천하는 너를 보며 흐뭇했다.
	스스로 고른 '바람' 단어 공감	내가 친구들의 이야기를 듣고 공감을 해주었을 때 친구들이 마음 열고 이야기를 쏟아내는 것을 보면 흐뭇하다.
2일차	축하	나는 우여곡절 끝에 사랑하는 사람과 결혼하게 된 후배를 진심으로 축하해주며 함께 기쁨을 나누었다.
	스스로 고른 '바람' 단어 희망	나는 공감대화의 길에 입문한 교사들에게서 우리 사회의 긍정변화에 기여할 교육계의 희망을 보았다.
3일차	애도	나는 음주운전 교통사고로 가족을 잃은 모든 분들에게 깊은 애도를 표하고 싶다.
	스스로 고른 '바람' 단어 도전	나는 자신의 목표를 세우고 쉼 없이 도전하는 사람들을 보면 감동을 받는다.
4일차	기여	내가 기부를 통해 다른 사람들의 삶에 기여하고자 할 때 세상은 조금 더 따뜻하게 된다고 생각한다.
	스스로 고른 '바람' 단어 존중	나는 서로 다름을 인정하고 존중하는 세상이 되길 바란다.
5일차	조화	나는 어린이집의 아이들이 피부색이 다른 친구와 조화를 이루며 노는 것을 보면서 희망을 보았다.
	스스로 고른 '바람' 단어 열정	나는 공감대화로 성장하는 길에 열정을 갖고 참여하고 싶다.

공감대화 표 활용

공감대화		
사례: 아빠가 주말에 가족 캠핑을 가자고 약속을 하고서 일이 생겼다며, '이번 가족 캠핑은 다음 주로 미루자!'라고 했다. 나는 가족 캠핑을 기대하고 있었는데 그 말을 듣고 화가 났다.		
나: 12세 자녀 비난 / 평가하지 않으면서 솔직하게 나를 표현		너: 아빠 상대방의 말을 비난 / 평가가 아닌 공감으로 듣고 상대를 짐작하여 표현
제가 ~~ 을 (보거나, 듣거나...) 했을 때 제가 아빠의 말을 들으니까	상황	당신이 ~~을 (보거나, 듣거나...) 했을 때 가족과의 약속을 취소하시면서
~~하게 느낍니다. 짜증이 나요!	느낌	~~을 느끼십니까? 미안하시죠?
~~을 바라기 때문입니다. 우리 가족이 서로 신뢰를 쌓아가기를 바라요.	바람	~~을 바라기 때문이지요? 가족들이 아빠를 이해해주길 바라시죠?
~~해주시겠어요? 약속대로 주말 가족 캠핑을 가주실래요?	부탁	~~을 하기를 바라십니까? 가족 캠핑 일정을 미루는 것을 우리가 동의해주길 바라시죠?

3주차 공감대화 - 심화 과정 공부하기

사례를 통한 공감대화 연습하기

사례: (상황만 적으세요)

상황을 적은 사람 : 22살의 자녀

술 한 잔 하시면 엄마는 똑같은 패턴으로 반복해서 아빠의 험담을 하세요.
엄마의 말을 들어주는 것이 힘들어요. 인내의 한계를 체감하고 있어요.
어제는 되풀이되는 말을 듣는 것이 짜증이 나서,
'엄마, 이젠 같은 얘기 계속 들어주는 게 지겨워. 제발 그만 좀 해~!'라고 말하고
방에서 나와 버렸어요.

너-느낌	너-바람	너-부탁
힘들었어?	너는 엄마와 희망적인 대화를 하길 바랐니?	엄마에게 앞으로는 희망적 대화를 하자고 부탁하고 싶니?
좀 죄송했어?	너는 계속 엄마의 말을 공감으로 경청하고 싶었지?	내가 너희 엄마에게 너의 죄송한 마음을 전해주길 바라니?
후련했니?	너는 엄마한테 솔직한 느낌을 말하고 싶었지?	엄마에게 솔직하게 말한 너를 이해해달라고 부탁하고 싶니?
답답했어?	너는 아빠의 행동이 변해서 엄마가 편해지기를 바랐어?	아빠에게 이 상황에 대해 대화해보자고 부탁하고 싶니?

연습하기 - 정서적 노예 → 얄미운 단계 → 정서적 해방

<table>
<tr><th>상황</th><th>단계</th><th>단계별 말하기</th></tr>
<tr><td rowspan="3">친구가 오늘도 피씨방에 가서 자기가 잘하는 게임을 하자고 한다. 어제도 똑같이 그랬다.
나는 피씨방은 재밌지만
그 게임이 재미없고, 못한다.
내가 좋아하는 게임을 하자고 말하고 싶지만 친구가 단칼에 싫다고 한 적이 있어서 말을 못한다.</td><td>정서적 노예 단계</td><td>알겠어, 가자.</td></tr>
<tr><td>얄미운 단계</td><td>싫어! 너나 가!,
나는 이제 너하고 피씨방에
절대로 안 갈 거야!</td></tr>
<tr><td>정서적 해방 단계</td><td>피씨방에 가서 그 게임을 또 하고 싶구나?
나는 그 게임이 재미없고, 못해서 싫어.
오늘은 내가 좋아하는 게임을 하고 싶은데,
어떻게 생각해?</td></tr>
<tr><td rowspan="3">부모님께서 이번 명절에는
집에 일찍 오라고 하신다.
지난 명절에 일이 많아서 당일 새벽에
갔는데 서운하셨나보다.
이번 명절에도 일찍 갈 수
없을 것으로 예상된다.
어찌해야 할지 모르겠다...</td><td>정서적 노예 단계</td><td>네, 일찍 갈게요...</td></tr>
<tr><td>얄미운 단계</td><td>이번 명절에도 일이 많아서 일찍 못가요!
부담 좀 주지 마세요.
점점 가기 싫어져요.</td></tr>
<tr><td>정서적 해방 단계</td><td>지난 명절에 서운하셨죠?
저도 부모님이 보고 싶어 빨리 내려가려고
열심히 일하는데 일이 많아서 일찍 가기 어려울
것으로 보여서 답답하네요. 최대한 빨리
내려갈 테니 이해해 주시겠어요?</td></tr>
</table>

상황	단계	단계별 말하기
배우자가 말을 많이 하면 어찌해야할지 모르겠다. 나는 가정의 평화를 위하여 입을 닫는다. 나도 할 말이 많지만… 점점 입을 닫게 되면서 마음도 닫히고 있다는 생각을 한다.	정서적 노예 단계	그래… 그래, 알겠어. (계속 참고 듣는다)
	얄미운 단계	말 좀 그만해! 지쳤어. 이젠 당신의 말을 듣기 싫어. 짜증나거든.
	정서적 해방 단계	당신 말을 계속 들어주길 바라? 근데 나도 지금 무척 지치고 피곤하거든. 그러니까 앞으로 시간을 정하고 말을 하면 어떨까?
사례 : **직장 상사는 내게 과도하게 집중된 업무로 고생하고 있는 걸 뻔히 알면서도 능력 있는 사람에게 맡겨야 추진력도 생기고, 결과도 좋다며 새로운 일이 생길 때마다 내게 업무를 부여한다.** **주위 부서 사람들은 그런 나를 차가운 시선으로 바라봐서 두렵다.** **상사에게 못 한다고 하면 밉게 보일까봐 더 두렵다.** **어찌 해야 할지 모르겠다.**	정서적 노예 단계	네, 제가 할게요…
	얄미운 단계	저도 이젠 지쳤습니다. 더 이상은 못하겠습니다. 이번에 병가를 내겠습니다.
	정서적 해방 단계	일이 완벽하게 추진되기를 바라시죠? 다른 사람에게 맡기는 것은 걱정되세요? 저는 지금 제 능력에 비해 많은 업무로 곤혹스럽고 힘들어서 병이 날까 두렵습니다. 이 업무의 진행은 전체 회의를 통해 집단지성의 효과를 만들어내고 싶은데 어떻게 생각하세요?

시나리오 만들고 역할놀이 하기

아래 일상대화 사례의 시나리오를 읽은 후
공감대화 시나리오를 만들어 보세요.
그리고 역할놀이를 해보세요.
(공감대화 시나리오에서 '공'이라고 적힌 사람이 공감대화의 달인입니다)

사례 – (40대 직장인) 오늘 유난히 일이 많다. 피곤하다. 옆 팀의 동료가 넘겨주기로 한 서류를 계속 보고 있다. 마무리한 후 달라고 하고 싶지만, 버럭 화를 낼 때도 있는 동료라서 조심스럽다.		
일상대화 시나리오		
40대 직장인		(주저하며) 서류 언제 줄 거야?
동료		(짜증난 목소리) 조금만 기다려!
40대 직장인		알겠어...
동료		...
40대 직장인		(조심스럽게) 언제까지 기다릴까?
동료		아, 참, 조금만!
40대 직장인		아, 미안해...
동료		(버럭 소리친다) 그것도 못 기다려서 독촉이야?

공감대화 시나리오		
40대 직장인	공.	(나-상.느.바.부.) 나는 요즘 일이 많아 피곤하고 지치네. 오늘 넘겨주기로 한 서류를 받고 싶은데 언제까지 기다리면 될까?
동료		(짜증난 목소리) 조금만 기다려!
40대 직장인	공.	(앵무새 질문)조금만 기다려달라고?
동료		응. 나도 지금 최선을 다하고 있단 말이야. 그러니 재촉하지 마.
40대 직장인	공.	내가 재촉하는 것으로 들려 부담스럽구나?
동료		그럼 부담이 안 되겠어? 나도 지금 스트레스 가득이거든.
40대 직장인	공.	스트레스 가득이구나?
동료		장난 아니야. 뭔 일이 이렇게 어렵고 많은지. 좀 편히 일하고 싶은데… 매일 이렇게 쫓기며 살아야 하니…. 진짜 짜증난다.
40대 직장인	공.	짜증나는구나? 좀 여유롭게 일하고 싶은 거지?
동료		그럼. 그래야 생산성도 창의성도 높아지잖아. 내 삶의 질도 높아질 거고.
40대 직장인	공.	생산성, 창의성, 삶은 질까지 연결해서 생각하면 답답한 거지?
동료		응. 지금의 삶이 답답해…
40대 직장인	공.	내가 지금 내 기분을 말해도 될까?
동료		응, 뭔데?
40대 직장인	공.	나는 서류를 달라고 말해야지 생각하면서 조심스러웠어. 화내는 것을 보고 싶지 않았거든. 내 말을 듣고 어떻게 생각해?
동료		아, 짜증나. 그런 말을 어떻게 내 앞에서 할 수가 있어?
40대 직장인	공.	내 말을 듣고 짜증나는구나? 나는 이런 말을 뒤에서 하는 것보다 앞에서 하는 것이 낫다고 생각했어… 솔직하게 말하는 것을 네가 수용해주길 바랐고…
동료		그렇긴 하네…
40대 직장인	공.	수용해주어 고마워!
동료		암튼 2시 전까지 넘겨주도록 해볼게.
40대 직장인	공.	2시? 알겠어.
동료		이 서류가 진행이 잘 안 돼.
40대 직장인	공.	그 서류가 진행하기 어렵지?
동료		응.
40대 직장인	공.	내가 도와줄 것이 있으면 말해 줄래?
동료		내가 해볼게.
40대 직장인	공.	그래, 오늘 일 마치고 저녁 같이 먹을까?
동료		오늘 약속있어서…
40대 직장인	공.	약속이 있구나?
동료		응.
40대 직장인	공.	그래, 다음에 먹기로 하자. 암튼 이렇게 이야기를 나누니 마음이 편해졌어.
동료		그래, 나도.

부록

3주차 스스로 학습하기

단계별 말하기
(정서적 노예 → 얄미운 단계 → 정서적 해방)

상황	단계	단계별 말하기
고등학교 진학을 결정해야 한다. 부모님은 안정적인 직업을 위해서는 인문계로 진학해서 대학에 갈 것을 권하시지만, 사실 나는 기계 다루는 것을 좋아해서 특성화고에 진학을 하고 싶다. 하지만, 특성화고는 절대 안 된다며 지난번에 발끈하셨던 부모님 때문에 다시 거론하기가 어렵다.	정서적 노예 단계	네, 인문계로 진학하겠습니다...
	얄미운 단계	저도 제 인생이 있습니다. 제 맘대로 할 거예요. 부모님이 제 인생을 책임지실 거 아니시잖아요.
	정서적 해방 단계	부모님의 의견 따라 인문계로 진학해 대학에 가기를 바라시죠? 그런데 저는 제가 좋아하고 잘할 수 있다고 믿는 진로를 미리 선택해서 배우고 싶습니다. 제가 고민하고 탐색한 계획을 말씀드릴 테니 부모님께서도 진지하게 생각해 주시기를 부탁드립니다. 어떻게 생각하세요?
세 명의 친한 친구가 있다. 그런데 그 친구들은 늘 자기주장도 강하고 자기 의견을 당당하게 말하는 편이다. 하지만, 내 의견을 표현하는 것이 어렵다. 오늘도 친구들은 노래방에 가자고 하는데, 나는 솔직히 도서관에 가서 책을 읽고 싶다. 하지만, 친구들과 어울리지 못하면 혼자가 될까봐 두려워 내 의견을 말하기가 힘들다.	정서적 노예 단계	그래, 노래방에 가자...
	얄미운 단계	나 오늘은 노래방 안 가! 너희들이나 가!
	정서적 해방 단계	노래방 가서 실컷 놀고 싶구나? 근데 오늘 나는 조용히 도서관 가서 책을 읽고 싶거든. 최근 3번 노래방에 갔으니 오늘은 내 의견대로 도서관에 가면 어때?

시나리오 만들고 역할놀이 하기

아래 일상대화 사례의 시나리오를 읽은 후
공감대화 시나리오를 만들어 보세요.
그리고 역할놀이를 해보세요.
(공감대화 시나리오에서 '공'이라고 적힌 사람이 공감대화의 달인입니다)

사례 - (30대 교사) 수업시간에 중3 학생이 15분 늦게 들어와서는 아무 말도 없이 자기 자리에 가서 앉았다. 사전 연락 없이 늦게 들어온 것도 화가 나는데 들어와서의 태도가 교사를 존중하는 것으로 보이지 않아 열 받았다.

일상대화 시나리오		
교사		야, 너 뭐야?
학생		학생인데요.
교사		학생인 줄 몰라서 하는 소리야? 너의 건방진 태도 말하는 거잖아!
학생		건방지게 행동 안 했는데요.....
교사		진짜 열 받네. 너 사전 연락도 없이 늦게 들어왔지? 게다가 들어와서는 아무 말도 없이 선생님 무시하고 자리에 앉았잖아!
학생		저 선생님 무시하지 않았는데요.
교사		참, 어이가 없네. 그냥 넘어가면 안 되겠다. 너 수업 후에 교무실로 내려와.
학생		제가 왜요? 잘 못한 거 없거든요!
교사		잘 못한 게 없어?
학생		네.
교사		수업 시작하고 15분 지났거든. 어디갔다 왔어?
학생		화장실이요!
교사		화장실은 쉬는 시간에 가야지. 왜 지금 가?
학생		급했어요.
교사		그럼 처음부터 말을 해야지. 말 안 하는데 내가 알 수 있어, 없어?
학생		선생님이 안 물어보셨잖아요!
교사		아구... 말은 참 잘한다...

공감대화 시나리오		
교사	공.	15분 늦었네. 샘이 네가 안 보여 걱정했거든. 무슨 일 있었니?
학생		아무 일도 아니에요.
교사	공.	아무 일도 아니라고?
학생		네...
교사	공.	선생님은 솔직하게 말해주길 바라는데, 어떠니?
학생		배가 아파 화장실 다녀 왔어요.
교사	공.	배가 아파 화장실 다녀오느라 늦었다고?
학생		네.... 아침부터 배가 아팠거든요.
교사	공.	많이 아픈 거니? 보건실에 가볼래?
학생		아니에요. 제가 스트레스를 받으면 배가 아프거든요.
교사	공.	스트레스를 받아 배가 아픈거구나?
학생		뭐 좀 그래요. 신경 쓰지 마세요.
교사	공.	신경 쓰지 말라고? 샘은 엄청 신경 쓰이거든. 내 사랑하는 제자니까 말이야.
학생		...
교사	공.	쑥스럽니? 하하... 샘은 네가 즐겁게 학교생활을 하기 바란단다. 샘이 뭐 도움 될 게 있을까?
학생		괜찮아요...
교사	공.	괜찮구나?
학생		네...
교사	공.	샘이 이야기 좀 더 하고 싶은데... 이따가 샘 좀 만나줄래?
학생		...
교사	공.	오늘 수업 다 끝나고 교무실에서 볼까?
학생		네...
교사	공.	혹시 선생님이 만나달라고 하는 것으로도 스트레스를 받을까봐 걱정되는데, 어떠니?
학생		아, 그럴지도 몰라요.
교사	공.	아 그럴지도 모르는구나?
학생		네. 제가 좀 그래요, 헤헤헤
교사	공.	네가 좀 그렇구나?
학생		네. 그래도 교무실로 갈게요.
교사	공.	와오, 그래도 교무실로 만나러 온다니 기쁘네. 샘이 스트레스 풀어주려고 노력해볼게.
학생		네.
교사	공.	샘은 너와 이야기 나눌 것이 기대된다. 이따 보자.

부록

공감대화 표 활용

공감대화		
사례: 보호자가 아프다고 하시며 나한테 일찍 들어오라고 했다. 그래서 친구들과 놀다가 서둘러서 들어갔는데 들어가자 마자 '서운하다'며 화를 내신다.		
나: 자녀 비난 / 평가하지 않으면서 솔직하게 나를 표현		**너: 보호자** 상대방의 말을 비난 / 평가가 아닌 공감으로 듣고 상대를 짐작하여 표현
제가 ~~ 을 (보거나, 듣거나...) 했을 때 저는 그 말씀을 들으니	상황	당신이 ~~을 (보거나, 듣거나...) 했을 때 지금 들어온 저를 보시니
~~하게 느낍니다. 당황스럽고 짜증이 나네요	느낌	~~을 느끼십니까? 서운하세요?
~~을 바라기 때문입니다. 말씀대로 일찍 들어왔고 그런 저를 인정해주시길 바랐어요.	바람	~~을 바라기 때문이지요? 좀 더 일찍 들어와 돌봐 드리길 바라셨어요?
~~해주시겠어요? 다음에는 몇 시까지 들어와서 무엇을 해주길 바란다고 구체적으로 말씀해주실래요?	부탁	~~을 하기를 바라십니까? 이 상황을 제가 이해하길 바라세요?

4주차 공감대화 - 심화 과정 공부하기

사례를 통한 공감대화 연습하기

사례: (상황만 적으세요)

상황을 적은 사람 : 아내

남편은 명절을 쇠러 고향에 갈 때마다
차가 막힌다며 무조건 고향까지 직진하여 운전해요.
나는 휴게소에서 쉬기도 하고, 자연도 감상하며 여유롭게 가고 싶어요.
명절마다 이 건으로 투닥거려서 불편해요.
날씨가 좋았던 이번 추석에도 남편은 똑같이 쉬지 않고 운전해서 내려갔어요.

너-느낌	너-바람	너-부탁
답답하셨어요?	명절 쇠러 가는 길이 여유로운 여행이길 바라시죠?	남편에게 다음 명절은 여유롭게 운전해서 가자고 부탁하셨나요?
야속하셨어요?	이번 추석에는 날씨가 좋아 원하는 대로 실행되기를 더욱 바라셨지요?	남편에게 이번에는 꼭 자연 감상을 하며 가자고 제안해보셨어요?
기운빠지세요?	한 번이라도 남편에게서 휴게소에서 쉬고 가자는 말을 듣고 싶으시죠?	남편에게 한 번이라도 휴게소에서 쉬고 가자는 말을 먼저 말해달라고 해보셨어요?
짜증나세요?	타인의 의견을 존중하고 배려하는 남편이기를 바라시죠?	남편에게 날씨가 좋은 명절에 한 번이라도 의견을 반영해달라고 부탁하셨나요?

연습하기 - 바꿔 듣고 물어보기

역할	상황	바꿔 듣기	공감대화 하기 -. 너-느낌 질문 -. 너-바람 질문 -. 들을 수 있는지 물어보기 -. 나-느낌 or 나-바람 + 어떻게 생각하세요?
나	친구와 서점에서 만나기로 했는데 30분 늦게 갔다. 친구가, '너는 매번 늦더라!'	(친구의 말) 나는 짜증이 나! 제시간에 오길 바랐거든!	-. 너-느낌 질문 짜증났어? 응! -. 너-바람 질문 내가 제 시간에 오길 바랐지? 응! -. 들을 수 있는지 물어보기 내 상황 좀 들어줄래? 응, 뭔데? -. 나-느낌 or 나-바람 + 어떻게 생각하세요? 내가 오다가 버스에 폰을 놓고 내린 거야, 그래서 종점에 가서 찾아서 오느라고 늦었어. 미안하고 이해해주길 바라는데, 어때?
선생님	우리 반은 매일 조회시간에 1개의 속담을 외우기로 했다. 오늘 아침 별이가, '맨 날 외우래...' 라고 한다.	(별이의 말) 저는 다른 것을 하고 싶어요. 속담 외우는 것은 부담스러워요.	-. 너-느낌 질문 별아, 속담 외우는 것이 부담스럽구나? 네! -. 너-바람 질문 조회시간에 뭘 할지 자유롭게 결정하고 싶구나? 네! -. 들을 수 있는지 물어보기 선생님 말 좀 들어볼래? 네. -. 나-느낌 or 바람 + 어떻게 생각하세요? 선생님은 너희들이 하루 한 가지씩 꾸준히 하는 습관을 만들기를 바라거든. 그래서 이것을 하는 거란다. 어떻게 생각하니?

역할	상황	바꿔 듣기	공감대화 하기 -. 너-느낌 질문 -. 너-바람 질문 -. 들을 수 있는지 물어보기 **-. 나-느낌 or 나-바람 + 어떻게 생각하세요?**
남편	아내가 퇴근해서 집에 오더니 소파에 들러붙어 있다. 피곤하면 방에 가서 쉬라고 하면 '알았어!'라고 하며 짜증을 낸다.	(아내의 말) 나는 지금 이 상태가 좋다구! 나한테 아무 말도 안하길 바라.	-. 너-느낌 질문 *지금이 좋아?* 응! -. 너-바람 질문 *내가 아무 말도 안하길 바라지?* 응! 바로 그거야! -. 들을 수 있는지 물어보기 *음, 내가 지금 할 말이 있는데 들어줄래?* 응, 뭔데? -. 나-느낌 or 나-바람 + 어떻게 생각하세요? *나는 소파에 누워있는 당신을 보면 눈치가 보여. 아이도 눈치를 보더라고. 당신의 휴식을 보장하면서 나와 아이도 편하려면 어떻게 해야 할까?*
아내	내가 저녁 당번이라 서둘러 퇴근해서 저녁 준비를 했다. 퇴근해서 식탁에 앉은 남편이, '시금치 나물은 짜고, 김은 눅지고... 먹을 반찬이 없네...'라고 한다	(남편의 말) 나는 지금 기운 빠져! 입맛에 맞는 반찬으로 밥을 먹고 싶어.	-. 너-느낌 질문 *기운빠져?* 응! -. 너-바람 질문 *입맛에 맞는 반찬으로 밥 먹고 싶어?* 그래. 그거야! -. 들을 수 있는지 물어보기 *그래... 내 말 좀 들어 수 있어?* 응, 뭔데? -. 나-느낌 or 나-바람 + 어떻게 생각하세요? *오늘 회사 일이 많았어. 냉채를 하려고 준비는 했는데 피곤해서 간단히 준비했어. 내 상황을 이해하고 먹어주길 바라는데, 어떻게 생각해?*

역할	상황	바꿔 듣기	공감대화 하기 -. 너-느낌 질문 -. 너-바람 질문 -. 들을 수 있는지 물어보기 -. 나-느낌 or 나-바람 + 어떻게 생각하세요?
직장인	점심시간에 동료에게 밥을 먹으러 가자고 했더니, '갔다 와!' 라고 하며 엎드린다.	(동료의 말) 나는 지금 힘들어서 쉬고 싶어. 밥 먹는 것도 싫어!	-. 너-느낌 질문 힘들구나? 응! -. 너-바람 질문 점심시간에라도 쉬고 싶구나? 응! -. 들을 수 있는지 물어보기 그런데 내 말 좀 들어볼래? 응, 뭔데? -. 나-느낌 or 나-바람 + 어떻게 생각하세요? 난 지금 네가 걱정되네. 걱정거리가 있으면 함께 나누길 바라는데, 어떻게 생각해?
사위	처가에 가면 장인어른이 아이들을 데리고 산에 가자고 하신다. 오늘은 내가 몸이 안 좋아 빠진다고 하자, '젊은 사람이 몸이 안 좋기는...' 라고 하신다.	(장인의 말) 나는 자네와 같이 가고 싶었네. 안 간다니 섭섭하네!	-. 너-느낌 질문 섭섭하세요? 그렇네... -. 너-바람 질문 함께 산에 가길 바라시죠? 함께 가면 좋지. 오런만에 말일세. -. 들을 수 있는지 물어보기 그런데 제 상황을 좀 들어주실래요? 말해보게. -. 나-느낌 or 나-바람 + 어떻게 생각하세요? 제가 지난 주 야근을 3일 해서 몸살이 날 듯 한 상태라서, 이해해주시기 바라는데 어떠세요?

역할	상황	바꿔 듣기	공감대화 하기 -. 너-느낌 질문 -. 너-바람 질문 -. 들을 수 있는지 물어보기 -. 나-느낌 or 나-바람 + 어떻게 생각하세요?
초등 4학년	점심시간에 운동장에서 축구를 했다. 5교시를 하는데 축구를 안 한 짝이, '야! 저리 떨어져 앉아!'라고 한다.	(짝의 말) 나는 편하게 숨 쉬고 싶어. 너의 땀 냄새 때문에 힘들어!	-. (너-느낌 질문) 숨쉬기가 힘들구나? **그래!** -. (너-바람 질문) 운동 후에는 씻고 오길 바라지? **그럼! 바로 그거야!** -. (들을 수 있는지 물어보기) 내 말 좀 들어줄래? **응, 뭔데?** -. 나-느낌 or 나-바람 + 어떻게 생각하세요? 종칠 때까지 축구하느라 못 씻고 와서 미안해. 말할 때 조금 부드럽게 해줄 수 있어?

부록

시나리오 만들고 역할놀이 하기

아래 일상대화 사례의 시나리오를 읽은 후
공감대화 시나리오를 만들어 보세요.
그리고 역할놀이를 해보세요.
(공감대화 시나리오에서 '공'이라고 적힌 사람이 공감대화의 달인입니다)

사례 – (40대 엄마) 공감대화를 하려고 노력하는데 쉽지 않다. 오늘도 어색하지만 나-상.느.바.부.로 말했다. '나는 네 방이 정리되기를 바라. 네 방을 보니 정신이 없다. 정리 좀 하면 어때?'라고 하니 아이가 '엄마, 말하는 거 완전 이상하거든!'라고 답한다.		
일상대화 시나리오		
엄마		나는 네 방이 정리되기를 바라, 네 방을 보니 정신이 없다. 정리 좀 하면 어때?
자녀		엄마, 그 말 완전 이상하거든. 히히
엄마		그럼 원래대로 할래! 방 좀 치우라구!
자녀		헤헤, 그게 익숙하네...
엄마		에고, 공감대화는 힘들어. 아무튼 방 좀 치워라, 제발! 방이 이게 뭐니?
자녀		이만하면 아직 좀 더 있다가 치워도 되는데...
엄마		말 좀 들어라... 기운 빠진다...
자녀		알겠어. 이따 치울게...
엄마		이따가 아니고, 지금 치우라구!
자녀		알았어... 아까 그 이상한 말이 더 낫겠어...
엄마		다 끝났어.
자녀		그 이상한 말, 공감대화로 다시 하면 어떨까?
엄마		생각해볼게, 하여튼 치우기나 해라!
자녀		망했다...

공감대화 시나리오		
엄마	공.	나는 네 방이 정리되기를 바라, 네 방을 보니 정신이 없다. 정리 좀 하면 어때?
자녀		엄마, 그 말 완전 이상하거든. 히히
엄마	공.	(앵무새 질문) 엄마 말이 완전 이상하다고?
자녀		응. 너무 어색해. 로봇이 말하는 것 같잖아.
엄마	공.	로봇이 말하는 것 같다고? 그래서 불편하니?
자녀		뭐 불편하지는 않는데 조금 이상하긴 해.
엄마	공.	이상해서 예전처럼 명령식으로 말하길 바라니?
자녀		그건 아니야. 명령으로 말하면 솔직히 더 하기 싫어지거든.
엄마	공.	명령으로 말하면 더 하기 싫어지는구나?
자녀		당연하지. 내가 생각하고 스스로 결정해서 하고 싶은데 엄마가 그렇게 명령하면 나야말로 로봇에 불과하단 생각이 들거든.
엄마	공.	로봇에 불과하다는 생각이 드는구나?
자녀		응!
엄마	공.	이제껏 엄마가 명령을 해서 네가 많이 힘들었지?
자녀		그렇지 뭐. 그래도 이렇게 엄마가 내 의견을 물어봐주니까 엄청 좋아.
엄마	공.	네 의견을 물어봐줘서 좋다구?
자녀		응. 이제야 내가 생각하는 사람으로 대접받는 기분이거든.
엄마	공.	그렇구나! 엄마의 노력이 효과를 보고 있어서 마음 놓이네. 엄마는 공감대화로 함께 성장하길 바라거든.
자녀		헤헤, 지금도 이상하긴하다. 그래도 마음이 말랑말랑해져서 좋아.
엄마	공.	이 공감대화를 들으면 말랑말랑해지는구나?
자녀		응! 우리 엄마 최고야~!!!
엄마	공.	엄마 최고라고? 지금 네 느낌은 뭐야?
자녀		엄마가 자랑스러워!
엄마	공.	오, 그 말을 들으니 날아갈 듯 기쁘다.
자녀		헤헤

긍정 추상 바람 단어를 사용하여 바람 말하기

나-상.느.바.부. / 너-상.느.바.부.를 적고
'바람' 단어를 적은 후 그 단어를 사용하여 문장을 만들어 보세요

1. 30대 미혼 남자 : 1년 사귄 애인이 '우리 그만 헤어지는 게 좋겠어!'라고 말 할 때

바람단어	나-30대 미혼 남자		너-애인	바람단어
동반	나는 그 말을 들으니	**상황**	그 말을 하기 까지	**정리** **수용**
	하늘이 무너지는 느낌이야	**느낌**	엄청 혼란스러웠니?	
	끝까지 함께 하길 바라거든	**바람**	우리 관계를 정리하고 싶은 거야?	
	어떻게 하면 그 결정을 바꿀 수 있을까?	**부탁**	생략 or 내가 쿨하게 수락해주길 바라?	
	긍정 추상 단어를 사용한 바람 문장: 나는 너와 동반자로 살고 싶어		긍정 추상 단어를 사용한 바람 문장: 우리 관계를 정리하고 싶구나? / 내가 네 의견을 수용해주길 바라니?	

2. 본인 : 택시 탄 후 매번 가던 길로 가달라고 말했다.
기사가 가달라고 하는 길에 대해 '막히는 길이구만...'라고 말하며 갈 때

바람단어	나-나		너-택시 기사	바람단어
수용 **이해**	저는 기사님의 말을 들으니	**상황**	제가 가는 길에 대한 저의 의견만 말해서	**존중** **이해**
	불편하네요	**느낌**	불편하세요?	
	제 의견대로 가주시기 바라요	**바람**	가는 길에 대해 기사님 의견을 물어봐주길 바라세요?	
	그 길로 그냥 가 주실래요?	**부탁**	제가 이 상황을 이해하길 바라시죠?	
	긍정 추상 단어를 사용한 바람 문장: 저는 제 의견을 기꺼이 수용해주시기 바라요		긍정 추상 단어를 사용한 바람 문장: 가는 길에 대한 기사님의 의견을 묻고, 존중해주길 바라시나요?	

3. 60대 부부 중 남편 : 한 해의 마지막 날,
아내와 함께 여행 가서 바다로 지는 노을을 보고 있을 때

바람단어	나-60대 남편		너-아내	바람단어
행복 **공유**	나는 지금	**상황**	지금	**편안** **이해**
	행복하고 기뻐!	**느낌**	춥고 힘들어?	
	자주 이런 시간 갖고 싶어	**바람**	집에 그냥 있고 싶어?	
	앞으로도 함께 해줄래?	**부탁**	내가 이런 날씨에는 돌아다니자고 하지 않길 바라지?	
	긍정 추상 단어를 사용한 바람 문장: 나는 당신과 자주 행복한 시간을 공유하고 싶어!		긍정 추상 단어를 사용한 바람 문장: 당신은 이런 날씨에는 집에서 편안하게 쉬고 싶지? / 이런 날씨에 집에 있고 싶은 당신을 이해해주길 바라지?	

4. 여중생 : 엄마가 '오빠는 정리를 잘하는데, 넌 왜 오빠처럼 못하니?'라고 하는
말을 들었을 때

바람단어	나-여중생		너-엄마	바람단어
소통 **변화**	저는 비교의 말을 들으니	**상황**	정리를 못하는 저를 보면	**자율** **정리** **습관**
	맥 빠지고 짜증나요	**느낌**	답답하고 속상하세요?	
	엄마의 느낌과 바람을 말해 주시길 바라거든요	**바람**	말 안 해도 정리하길 바라시죠?	
	앞으로는 그렇게 해 주실래요?	**부탁**	지금 '네'하고 바로 정리하길 바라시죠?	
	긍정 추상 단어를 사용한 바람 문장: 저는 엄마와 느낌과 바람을 나누면서 소통하며 변화하고 싶어요		긍정 추상 단어를 사용한 바람 문장: 제가 자율적으로 정리하는 습관을 만들어가길 바라시죠?	

4주차 스스로 학습하기

바꿔 듣고 물어보기

역할	상황	바꿔 듣기	공감대화 하기 -. 너-느낌 질문 -. 너-바람 질문 -. 들을 수 있는지 물어보기 -. 나-느낌 or 나-바람 + 어떻게 생각하세요?
엄마	아들과 휴대폰 사용 시간에 대해 말다툼했다. 아들이 '어차피 엄마 마음대로 할 거잖아. 여기 있으니까 휴대폰 가져가!' 라며 방으로 들어간다.	(아들의 말) 나는 엄마와 소통하길 바라. 엄마 마음대로 결정하려 하는 게 짜증나거든!	-. 너-느낌 질문 엄마 마음대로 결정하려는 것 같아 속상하니? 당연하지. 어차피 답정너잖아. -. 너-바람 질문 너의 의견과 계획을 믿어주길 바라? 그럼. 날 믿지 못하잖아. -. 들을 수 있는지 물어보기 그런데 내 말 좀 들어볼래? 응, 뭔데? -. 나-느낌 or 나-바람 + 어떻게 생각하세요? 엄마는 너의 생각과 결정을 믿어주고 싶어. 솔직히 네가 말하고서 말한 대로 하지 못하는 것을 볼 때면 두려워. 소통하며 시간을 정하고 싶은데. 어떻게 생각해?
아내	과한 업무량과 업무 강도 때문에 스트레스를 받아 힘들다는 나에게 남편이 병원에 가보라고 했는데 계속 미루자, 남편이 '이제 힘들다는 소리 그만하고 당신이 알아서 해!'라고 소리쳤다.	(남편의 말) 해결 방법을 찾고 행동하길 바라거든. 이 상황에 지쳤어!	-. 너-느낌 질문 내가 힘들다고 하는 소리 듣는데 지쳤어? 응. 지쳤어. -. 너-바람 질문 내가 해결방법을 찾고 행동하길 바라는 거지? 당연하지! -. 들을 수 있는지 물어보기 그런데 내 말 좀 들어줄래? 응, 뭔데? -. 나-느낌 or 나-바람 + 어떻게 생각하세요? 나는 힘들다고 당신에게 말하는 것으로 반은 풀려. 병원 가라고 하지 말고, 공감만 해주면 어때?

시나리오 만들고 역할놀이 하기

아래 일상대화 사례의 시나리오를 읽은 후
공감대화 시나리오를 만들어 보세요.
그리고 역할놀이를 해보세요.
(공감대화 시나리오에서 '공'이라고 적힌 사람이 공감대화의 달인입니다)

사례 - (아빠) 대학 신입생인 딸이 과제 '자신의 꿈 설계'를 하면서 투덜거린다. '나는 꿈이 없는데... 이런 것을 과제로 내줬어...'		
일상대화 시나리오		
아빠		너는 나이가 몇인데 꿈도 없냐?
대학 신입생 딸		이 나이에 꿈 없으면 안 돼?
아빠		꿈을 설정하고 열심히 살아야 할 나이잖아.
대학 신입생 딸		헐, 내 나이가 그런 나이라고 어디 적혀있어?
아빠		꼭 적혀있어야 돼? 다른 애들은 너보다 어려도 꿈을 가지고 있더라...
대학 신입생 딸		비교하지 마세요!
아빠		아차, 비교했네, 미안!
대학 신입생 딸		아빠의 미안은 받아들이고, 아무튼 과제 할게.

공감대화 시나리오		
아빠	공.	(앵무새 질문) 꿈이 없다고?
대학 신입생 딸		응.
아빠	공.	(너-느낌 질문) 아직 꿈이 없는데 그런 과제를 해야 해서 난감하니?
대학 신입생 딸		응, 좀 난감해. 꿈이 누구나 다 있는 건 아닐테니까.
아빠	공.	꿈이 누구나 다 있는 건 아니라고?
대학 신입생 딸		그럼. 내 주변 친구나 선배들도 아직 꿈이 없는 사람이 많아. 나도 그렇고…
아빠	공.	친구나 선배들도 꿈이 없는 사람이 많구나?
대학 신입생 딸		응. 요즘은 꿈을 강요하는 시대라는 생각이 들어서 더 반발심이 생기나봐…
아빠	공.	아, 그런 생각이 들어서 반발하고 있는 거구나?
대학 신입생 딸		응. 꿈과 목표를 정해서 착착 나아가는 애들 보면 좀 부럽기는 해.
아빠	공.	그런 아이를 보면 부럽구나?
대학 신입생 딸		응. 그런 애들을 보면 나도 이제 꿈을 만들어볼까 하는 생각이 들기도 해.
아빠	공.	그렇구나! 아빠 말 좀 들어볼래?
대학 신입생 딸		응, 뭔데?
아빠	공.	어떤 이론에 성공한 커리어의 80%가 우연에 의해 이뤄진 거고, 실제 수많은 사람들을 설문 조사한 결과, 18세 때 계획했던 직업에 현재 종사하는 비율이 2%에 불과하다고 하거든. 그러니까 조급하게 생각하지 말고 많은 경험을 해보는 건 어떨까?
대학 신입생 딸		그래? 아빠 말을 들으니 좀 안심이 되긴 하네.
아빠	공.	그래? 안심돼?
대학 신입생 딸		응. 이런 과제도 많은 경험 중 하나겠지?
아빠	공.	그렇겠다.
대학 신입생 딸		알았어. 지금은 과제 할게. 헤헤…

긍정 추상 바람 단어를 사용하여 바람 말하기

나-상.느.바.부. / 너-상.느.바.부.를 적고 '바람' 단어를 적은 후 그 단어를 사용하여 문장을 만들어 보세요

70대 : 매일 공공도서관에서 친구와 함께 책과 신문을 편안히 즐겼었다.
코로나19로 인해 도서관이 폐쇄되었다가 열었는데 또 감염이 폭증하여
도서관이 다시 폐쇄되었다. 그 친구와도 못 만나고 통화를 했다.

	나-70대		너-친구	
바람단어 **편안** **행복**	나는 다시 도서관 폐쇄 소식을 들으니	**상황**	대규모 집회로 인한 코로나19 감염이 폭증되었다고 하니	바람단어 **안정** **안전**
	화가 나	**느낌**	어이없지?	
	도서관에서 책 읽고 신문 보는 일상을 다시 찾고 싶어	**바람**	코로나19 상황이 진정되길 바라지?	
	우리도 코로나가 확산되지 않도록 생활방역 수칙을 잘 지켜야겠지?	**부탁**	우리도 답답하지만 집에 머무르길 바라지?	
	긍정 추상 단어를 사용한 바람 문장: 나는 도서관에서의 편안한 일상의 행복을 되찾고 싶어!		긍정 추상 단어를 사용한 바람 문장: 코로나19 상황이 안정되어 안전한 일상으로 가게 되길 바라지?	

초등 보호자 : 자녀가 초등학교 1학년 입학하였는데 1달 후에 담임선생님이 연락해왔다.
아이에게 ADHD(주의력결핍 과잉행동장애 attention deficit
/ hyperactivity disorder) 검사를 해보라고 한다.

	나-초등 보호자		너-담임선생님	
바람단어 **재미** **편안**	선생님의 말씀을 들으니	**상황**	그 말씀을 하시는 것은	바람단어 **도움** **적응**
	당황스럽고 혼란스럽네요	**느낌**	걱정되시는거죠?	
	아이가 학교생활을 잘하길 바랬어요	**바람**	그 검사가 아이에게 도움되길 바라세요?	
	아이를 편안히 대해주시고, 좀 더 지켜봐 주시겠어요?	**부탁**	제가 아이의 ADHD 검사를 바로 진행하길 바라시나요?	
	긍정 추상 단어를 사용한 바람 문장: 아이가 학교생활을 재미있고 편안하게 하길 바랐어요		긍정 추상 단어를 사용한 바람 문장: 그 검사가 도움이 돼서 아이가 학교생활에 적응하게 되길 바라시죠?	

공감대화 표 활용

공감대화		
사례: 직장 때문에 원룸에 사는 친구가 편리하다고 인스턴트 식품을 주로 먹는다고 말할 때		
나: 나 비난 / 평가하지 않으면서 솔직하게 나를 표현		**너: 친구** 상대방의 말을 비난 / 평가가 아닌 공감으로 듣고 상대를 짐작하여 표현
제가 ~~ 을 (보거나, 듣거나…) 했을 때 내가 인스턴트 식품만 먹는 너를 보면	상황	당신이 ~~을 (보거나, 듣거나…) 했을 때 인스턴트 식품을 주로 먹으면
~~하게 느낍니다. 걱정되고, 불안해	느낌	~~을 느끼십니까? 편하지?
~~을 바라기 때문입니다. 음식이 건강에 미치는 영향을 인식하고 습관을 바꾸기를 바라거든	바람	~~을 바라기 때문이지요? 비용과 시간이 적게 들고 치우기도 간편한 것을 바라는 거지?
~~해주시겠어요? 인스턴트 식품에 대하여 유튜브 검색을 해보면 어떨까? / 하루에 한 끼라도 집 밥을 해 먹으면 어떨까?	부탁	~~을 하기를 바라십니까? 내가 네 선택을 존중해주길 바라지? / 내가 너의 건강을 걱정하지 않기를 바라니?

5주차 공감대화 - 심화 과정 공부하기

사례를 통한 공감대화 연습하기

사례: (상황만 적으세요)

상황을 적은 사람 : 20대 직장인

나는 우리 팀의 막내예요.
새로 부임하셨다는 옆 팀의 부장님이 오셔서,
'이 팀은 왜 이렇게 어수선해? 야, 여기 정리 좀 해라!'라고 하시며 나를 보셨고,
복사기 옆을 가리키셨어요.

너-느낌	너-바람	너-부탁
놀랐지?	자신의 의견을 말하기 전에 네 의견이나 상황을 물어봐주길 바랐지?	그 부장님에게 너희 팀의 환경을 인정해주길 부탁하고 싶었니?
어이없었지?	다른 팀에 대한 독립성을 인정해주길 바랐지?	그 부장님에게 정리에 대한 의견을 멈춰달라고 부탁했니?
짜증났지?	그 부장님이 나이 어린 사람에게도 존중하는 말로 해주길 바란 거지?	그 부장님에게 존대로 말해달라고 부탁했니?
당혹스러웠지?	너희 팀의 정리는 너희 팀 내에서 결정하고 진행하길 바라지?	너희 팀의 부장님에게 팀의 정리에 대하여 의논하자고 말씀드렸니?

연습하기 - 긍정의 질문형 부탁과 거절 받아들이기

명령	질문형 부탁	긍정의 질문형 부탁	나의 바람 + 긍정의 질문형 부탁	(상대의) 거절의 말	거절의 답을 들은 후 말하기 (앵무새 질문 + 너 느낌/바람 물어보기)
잔소리 좀 그만 하세요!	잔소리 좀 그만해주실래요?	이대로 인정해주실래요?	제가 자력 있게 성장하기 위해 이대로 인정받고 싶어요. 그렇게 해주실래요?	이걸 어떻게 인정하냐?	이대로 인정하기 어려우세요? 변화가 필요해 보이세요?
일어나!	일어날래?	일어나면 어때?	지금 일어나면 여유있게 준비할 수 있는데, 어때?	일어나기 싫은데…	일어나기 싫구나? 스스로 결정해서 일어날 때까지 기다려주길 바라?
말 좀 그만 해!	말 좀 그만 할래?	지금 말을 멈춰줄 수 있어?	경청하는 것이 힘들어서 그만하고 싶어. 말을 멈춰줄 수 있어?	싫어, 말 할 거야	싫구나? 할 말을 다 하고 공감 받고 싶어?
휴대폰 좀 그만 봐!	휴대폰 좀 그만 볼래?	휴대폰 보는 시간을 조절할 수 있어?	휴대폰 보는 시간을 조절해서 휴식을 충분히 갖기를 바라는데, 어때?	내 맘이야. 더 볼 거야.	더 볼 거구나? 휴대폰 보는 것이 재미있어? 스스로 결정하게 지켜봐주길 바라니?
빨리 자!	빨리 잘래?	자는 것이 어떨까?	푹 자고 개운하게 일어나길 바라. 그래서 지금 자면 어때?	늦게 자면 어때?	늦게 자도 몸이 피곤하지 않으니 지금 자라고 하지 않기를 바라니? 자는 것을 스스로 결정하고 싶어?
외출할 때 꾸물거리지 좀 마!	외출할 때 꾸물거리지 말아줄래?	외출할 때 여유있게 준비하면 어때?	외출할 때 여유있게 출발하고 싶어. 어떻게 하면 될까?	안 꾸물거렸거든!	안 꾸물거렸다고 생각하는구나? 그 의견에 동의해주길 바라니?

부록

연습하기 - 거절(No) 이해하기

<table>
<tr><th>부탁 했는데
거절 받은 경우</th><th>거절 받은
후 느낌</th><th>그 사람은 무엇을 원해서
거절했을까요?</th><th>거절의 답을 들은 후
나-상.느.바.부.</th></tr>
<tr><td rowspan="3">모처럼 보고 싶은
영화가 있어서
친구에게 영화
보러 가자고
했는데
친구는 날씨가
좋으니 자전거를
타자고 했다.</td><td rowspan="3">서운하다
섭섭하다</td><td>자전거를 타며 날씨를 즐기고
싶어서</td><td>나는 그 말을 들으니 서운하네.
모처럼 보고 싶은 영화가 있어서
함께 보고 이야기 나누고
싶었거든.
다시 생각해줄 수 있어?</td></tr>
<tr><th>그 사람은 거절 한 후 무엇을
원할까요?</th><th>거절의 답을 들은 후
너-상.느.바.부.</th></tr>
<tr><td>자신의 의견을 수용해주기를 바람</td><td>내 의견을 거절하면서 좀
미안하니?
자전거를 타며
날씨를 만끽하고 싶은 거지?
내가 네 의견을 수용해주길
바라지?</td></tr>
</table>

<table>
<tr><th>부탁 받고
거절한 경우</th><th>거절하면서
느낌</th><th>나는 무엇을 원해서
거절했나요?</th><th>거절하는
나-상.느.바.부. 말하기</th></tr>
<tr><td rowspan="3">가족여행이
계획된 날짜에
친구가 회의에
같이 참석해서
도와달라는
부탁을 해왔지만
거절했다.</td><td rowspan="3">미안하다</td><td>가족여행 약속을 지키고 싶어서</td><td>나는 거절을 하면서 미안하네.
네게 도움을 주고 싶지만,
이번 가족여행 약속은 꼭 지키고
싶거든.
내가 맘 편히 여행을 갈 수 있도록
이해해주기를 바라는데, 어때?</td></tr>
<tr><th>나는 거절 한 후
무엇을 원했나요?</th><th>거절한 후
너-상.느.바.부.로 물어보기</th></tr>
<tr><td>이 결정을
존중해주기를 바람</td><td>내가 거절하는 것이 서운하지?
가족여행을 미루고 너를
도와주기를 바라니?</td></tr>
</table>

시나리오 만들고 역할놀이 하기

아래 일상대화 사례의 시나리오를 읽은 후
공감대화 시나리오를 만들어 보세요.
그리고 역할놀이를 해보세요.
(공감대화 시나리오에서 '공'이라고 적힌 사람이 공감대화의 달인입니다)

사례 - (40대 직장인) 노동절 상여금을 받았다. 친구가 전화해서 딱 그 금액을 빌려달라고 한다.		
일상대화 시나리오		
친구		내가 급히 돈이 좀 필요한데 빌려줄 수 있어?
40대 직장인		아, 그래?
친구		다음 달에는 갚을 수 있을 거야. 미안해...
40대 직장인		나는 친구들과 돈거래 안 하는데...
친구		내가 처음으로 부탁을 했는데... 거절하냐? 너무 한다...
40대 직장인		미안해...
친구		있으면 좀 빌려주라... 어디다 또 말해야 할지 모르겠어...
40대 직장인		어쩌냐... 내 원칙이라서...
친구		야, 원칙은 깨라고 있는거야!
40대 직장인		내가 이 원칙을 지키려고 얼마나 노력했는 줄 알아?
친구		몰라...
40대 직장인		지키기 힘들었어... 그래서 안 되겠다. 미안하다...
친구		야, 우리끼리 무슨 원칙이야? 원칙은 집어 치우고 좀 빌려줘라.
40대 직장인		우리끼리니까 원칙이지!
친구		너 진짜, 우리끼리 이러기야?

공감대화 시나리오		
친구	공.	내가 급히 돈이 좀 필요한데 빌려줄 수 있어?
40대 직장인		아, 그래?
친구	공.	(너-상.느.) 갑자기 돈을 빌려달라는 말을 들으니 당황스럽지?
40대 직장인		응, 당황스럽네...
친구	공.	그래, 당황스러울 거야... 미안해!
40대 직장인		그런데, 난 친구들과 돈 거래를 안 하는 원칙이 있어.
친구	공.	아, 그래? 친구들과 돈 거래를 안 하는 원칙이 있구나?
40대 직장인		응! 그래서 여태 한 번도 안 했어.
친구	공.	아, 여태 한 번도 안 했구나? 그런데 이런 말을 해서 더 미안하네...
40대 직장인		...
친구	공.	솔직히 이야기 해주어 고마워. 친구들과 돈거래를 해서 돈과 친구를 다 잃을까봐 걱정되는 거지?
40대 직장인		응, 그거야. 너와의 우정을 깨고 싶지 않거든.
친구	공.	그래, 이해 돼! 그런 예상을 하면 주저하게 될 꺼야. 그런데 내가 왜 급히 돈이 필요한지 들어볼래?
40대 직장인		응, 뭐야?
친구	공.	장모님께 병원비를 좀 드렸어, 아내 몰래! 그렇게 드리고 싶었거든. 이번 달 월급을 집에 가져다주어야 하는데 금액이 모자라서 부탁하게 된 거야.
40대 직장인		아, 그런 상황이구나?
친구	공.	응, 몇 달에 나누어 갚을 수 있는데, 빌려주길 바라! 어때?
40대 직장인		네 상황은 알겠는데, 나는 내 원칙을 지키고 싶어.
친구	공.	아, 너의 원칙을 지키고 싶구나?
40대 직장인		응, 그래!
친구	공.	그렇구나, 네가 정한 원칙을 깨뜨리는 것이 싫은 거지?
40대 직장인		응!
친구	공.	내 의견을 들어볼래?
40대 직장인		뭔데?
친구	공.	하하, 나는 원칙이라고 하는 것은 가끔 깨지는 것이 삶의 묘미라고 생각해! 어때?
40대 직장인		아, 그런가? 후후, 좀 더 생각해보고 연락할께
친구	공.	그래, 연락 기다릴게, 이렇게 의견 나눌 수 있어서 기쁘다!

긍정 추상 바람 단어를 사용하여 바람 말하기

나-상.느.바.부. / 너-상.느.바.부.를 적고
'바람' 단어를 적은 후 그 단어를 사용하여 문장을 만들어 보세요

1. 60대 주부: 결혼 3년 된 아들이 추석에 오는데, 2년 동안은 전 날 와서 자고 큰집에 차례 지내러 새벽에 출발해서 갔었는데 이번에는 추석 당일에 큰집으로 바로 온다고 한다.

바람단어	나-60대 주부		너-아들	바람단어
우애	내가 그 말을 들으니	**상황**	큰집으로 바로 가게 되어	**이해 수용 배려**
	서운하네	**느낌**	좀 미안하니?	
	전 날 집에 와서 얼굴도 보고 이야기도 나누길 바랐어	**바람**	너의 상황을 이해해주길 바라지?	
	계획을 바꾸어 집에 오는 건 어떠니?	**부탁**	내가 다른 가족들에게 잘 말해주길 부탁하고 싶지?	
	긍정 추상 단어를 사용한 바람 문장: 명절에는 가족의 우애를 나눌 수 있는 시간을 갖고 싶어		긍정 추상 단어를 사용한 바람 문장: 네 상황을 이해하고 수용해주길 바라지? / 가족들의 배려를 바라지?	

2. 중학생 : 공부 좀 해볼까 생각하고 책상 앞으로 막 갔는데, 엄마가 문을 열더니 '공부 좀 해라~'라고 한다. 내가 공부하려고 하면 꼭 저렇게 말을 한다.

바람단어	나-중학생		너-엄마	바람단어
자율 자력 성장 신뢰	나는 엄마의 그 말을 들으면	**상황**	공부를 하고 있지 않으면	**자율 자력 성장 신뢰**
	짜증나고 의욕이 없어져요	**느낌**	답답하고 짜증나세요?	
	아무 말도 안하고 지켜봐주길 바라요	**바람**	스스로 알아서 공부하는 모습을 보고 싶으신 거죠?	
	제발 그 말 좀 하지 말아주실래요?	**부탁**	엄마가 이런 말을 할 때 많이 답답하다는 것을 이해하길 바라시죠?	
	긍정 추상 단어를 사용한 바람 문장: 자율적이고 자력 있게 성장하고 싶어요 신뢰의 눈으로 봐주시기 바라요		긍정 추상 단어를 사용한 바람 문장: 자율적이고 자력있게 성장하길 바라시죠? 서로 신뢰의 눈으로 볼 수 있기를 바라시죠?	

3. 나 : 공감대화를 배워서 실천하자고 생각은 하지만 기존에 하던 명령이 자연스레 나온다.
지금도 가족 외출을 하는데 식구들에게 '빨리 나와!'라고 했다.

바람단어	나-나		너-식구들	바람단어
능숙 실천 격려 응원	나는 이렇게 말하는 나를 보니	**상황**	공감대화를 배우고도 이렇게 말하는 나를 보면	실천 노력 성장 변화
	허탈하고 우울하다	**느낌**	답답하지?	
	배운 대로 능숙하게 생활 속에서 실천하고 싶다	**바람**	배운 것을 행동으로 실천하길 바라지?	
	이런 나를 믿고 격려, 응원해줄래?	**부탁**	내가 포기하지 않고 끈기 있게 도전해 가길 바라니?	
	긍정 추상 단어를 사용한 바람 문장: 배운 대로 능숙하게 생활 속에서 실천하고 싶고, 잘 못할 때도 격려와 응원의 말을 듣고 싶다		긍정 추상 단어를 사용한 바람 문장: 배운 것을 행동으로 실천하길 바라지? / 노력을 더 해서 꾸준히 성장, 변화해 나가길 바라지?	

4. 40대 남편 : 퇴근해서 집에 들어오면 피곤한데 유치원생 아이와 놀아야 하고, 집안일도 해야 한다.
요즘은 일주일에 하루라도 퇴근 후 아무것도 하지 않고 폰만 보며 쉬고 싶다.
오늘 저녁 아내가 '퇴근 후 당신이 하는 일은 알아서 좀 해줄래요?'라고 한다.

바람단어	나-40대 남편		너-아내	바람단어
자유 이해 수용 배려	나는 오늘 퇴근 후 상황이	**상황**	지금 그 말을 하는 것은	자율 배려
	우울하고 짜증이 나요	**느낌**	답답한 거예요?	
	일주일에 하루라도 퇴근 후 아무것도 하지 않고 폰만 보며 쉬고 싶어요	**바람**	내가 맡은 일은 스스로 하기를 바라는 거죠?	
	요즘 나의 상황을 이해해주길 바라는데, 어때요?	**부탁**	요즘 상황에 대해서 대화를 좀 나누고 싶어요?	
	긍정 추상 단어를 사용한 바람 문장: 일주일에 하루라도 퇴근 후 아무것도 하지 않고 자유롭게 폰만 보고 싶은 것을 이해, 수용, 배려해주길 바라요		긍정 추상 단어를 사용한 바람 문장: 내가 자율적으로 맡은 일을 하고 더 해야 할 것들이 있는지 살피며 배려해주길 바라지요?	

5주차 스스로 학습하기

연습하기 - 긍정의 질문형 부탁과 거절 받아들이기

명령	질문형 부탁	긍정의 질문형 부탁	나의 바람 + 긍정의 질문형 부탁	(상대의) 거절의 말	거절의 답을 들은 후 말하기 (앵무새 질문 + 너 느낌/바람 물어보기)
폰만 잡고 있지 마라	폰만 잡고 있지 말아줄래?	폰을 보는 시간을 조절해줄래?	시간을 의미 있게 사용하길 바라거든, 폰을 보는 시간을 조절 해줄래?	내가 알아서 할 거야!	알아서 할 거구나? 짜증나? 알아서 할 것으로 믿어주길 바라니?
씻어	씻을래?	깨끗해지게 씻으면 어때?	집에 돌아오면 바로 씻는 위생적인 습관을 만들기를 바라! 깨끗해지게 씻으면 어때?	싫어. 매일 씻고 싶지 않아.	매일 씻고 싶지 않구나? 귀찮아? 네 의견을 수용해주길 바라니?
('세상이 엉망이야'라는 말을 듣고) 그런 말은 하지 마	그런 말은 하지 말아줄래?	구체적인 상황과 그 때의 느낌을 말하면 어때?	네가 하는 말을 이해하고 싶어. 구체적인 상황과 그 때의 느낌을 말하면 어때?	싫어. 내 방식대로 말할 거야	네 방식대로 말할 거구나? 답답해? 네 방식을 인정하고 이해해주길 바라는 거지?
제대로 좀 먹고 다녀라	제대로 좀 먹고 다닐래?	때에 맞추어 정성들인 음식을 먹으면 어때?	건강하게 지내기를 바라거든. 때에 맞추어 정성들인 음식을 먹으면 어때?	난 이대로도 건강해. 지금처럼 살래.	지금처럼 살 거구나? 성가시구나? 지금 삶에 만족하는 거지?

시나리오 만들고 역할놀이 하기

아래 일상대화 사례의 시나리오를 읽은 후
공감대화 시나리오를 만들어 보세요.
그리고 역할놀이를 해보세요.
(공감대화 시나리오에서 '공'이라고 적힌 사람이 공감대화의 달인입니다)

사례 : 도서관에서 중학생 2명이 소리를 낮추면서 장난을 치고 있다. 주위 사람들이 눈살을 찌푸린다. 도서관 사서가 와서 말한다.

일상대화 시나리오		
도서관 사서		뭐하는 거예요?
중학생		네?
도서관 사서		도서관에서 이렇게 행동하면 안 되는 것을 알만한 나이에...
중학생		크게 말하지도 않았어요.
도서관 사서		뭐가 안 커요? 주위 사람들이 다 쳐다보잖아요!
중학생		알겠어요. 그런데 왜 이렇게 화를 내세요?
도서관 사서		이 상황에서 화를 내지 않을 수 있어요?
중학생		좋은 말로 하면 되잖아요...
도서관 사서		학생은 지금 좋게 답하고 있는 거예요?
중학생		오는 말이 고와야 가는 말이 곱잖아요.
도서관 사서		아니, 잘못해놓고 이렇게 대답하다니...
중학생		...
도서관 사서		(혼잣말로) 요즘 애들은...

공감대화 시나리오		
도서관 사서	공.	잠깐만 멈춰줄래요?
중학생		네?
도서관 사서	공.	도서관을 이용하는 사람들이 편안하길 바라는데 지금은 그렇지 못한 상태라고 생각되는데, 어떻게 생각해요?
중학생		크게 말하지도 않았어요.
도서관 사서	공.	아, 크게 말하지도 않았군요?
중학생		네.
도서관 사서	공.	주위 사람들이 모두 쳐다보고 있어서 내가 온 거예요.
중학생		앗, 그랬어요? 몰랐어요…
도서관 사서	공.	친구하고 노는 것이 재미있어요?
중학생		네.
도서관 사서	공.	도서관에서 그렇게 장난하면서 노는 것에 대해 어떻게 생각해요?
중학생		죄송해요. 다른 사람들에게 방해된다는 생각을 못 했어요.
도서관 사서	공.	아, 그런 생각을 못 했군요?
중학생		네…
도서관 사서	공.	지금은 어떻게 생각해요?
중학생		장난치지 않을게요.
도서관 사서	공.	그 말을 들으니 마음이 놓이네요. 앞으로 기대해도 되지요?
중학생		네!
도서관 사서	공.	도서관에서 즐겁고 편안한 시간을 보내길 바라요!

긍정 추상 바람 단어를 사용하여 바람 말하기

나-상.느.바.부. / 너-상.느.바.부.를 적고
'바람' 단어를 적은 후 그 단어를 사용하여 문장을 만들어 보세요

보호자 : 깊은 계곡의 가족캠핑을 가서 저녁 식사 후 간식으로 마지막 남은 수박을 먹었다.
7살 자녀가 '수박, 또 줘!'라고 한다.
'그게 마지막 수박이야, 이제 없어.'라고 했지만 계속 달라고 한다.

	나- 보호자		너-7살 자녀	
바람단어 **이해** **수용**	나는 수박을 달라고 하는 말을 들으니	**상황**	계속 수박을 달라고 말하면서	바람단어 **관심** **존중** **집중**
	어쩔 줄 모르겠네	**느낌**	속상하고 힘들지?	
	수박이 지금 없다는 것을 알아주길 바라	**바람**	너와 눈을 맞추면서 너에게 집중해주길 바라?	
	집에 가면서 수박을 살 때까지 기다려줄래?	**부탁**	-생략-	
	긍정 추상 단어를 사용한 바람 문장: 수박을 바로 줄 수 없는 상황을 이해해주길 바라고 없다고 하는 말을 수용해주길 바라		긍정 추상 단어를 사용한 바람 문장: 네게 관심을 가지고, 너를 존중하고, 네 말에 집중해주길 바라지?	

직장인 : 동료의 상사가 말하기 시작하면 1시간은 기본으로 한다.
동료는 상사의 이야기를 들어야 하는 것에 지쳐서 직장생활을 힘들다고 했다.

	나-직장인		너-동료	
바람단어 **회복**	나는 너를 보면	**상황**	그 상사와 함께하는 직장생활이	바람단어 **해결** **도움**
	안타까워	**느낌**	힘들지?	
	네가 회복할 수 있는 방법을 찾기를 바라	**바람**	이 상황을 벗어날 방법을 찾을 수 있는 도움을 받고 싶니?	
	나와 함께 상담 받는 곳에 가보면 어때?	**부탁**	내가 벗어날 방법을 함께 찾아봐주길 바라니?	
	긍정 추상 단어 사용한 바람 문장: 네가 회복할 수 있는 방법을 찾기를 바라		긍정 추상 단어 사용한 바람 문장: 이 상황을 해결할 수 있는 방법을 찾는 도움을 받고 싶니?	

공감대화 표 활용

<table>
<tr><th colspan="3">공 감 대 화</th></tr>
<tr><td colspan="3">사례: 독감이 유행인데 독감예방접종 주사를 맞지 않겠다고 하는 배우자에게</td></tr>
<tr><td>나: <u>나</u>
비난 / 평가하지 않으면서 솔직하게 나를 표현</td><td></td><td>너: <u>배우자</u>
상대방의 말을 비난 / 평가가 아닌
공감으로 듣고 상대를 짐작하여 표현</td></tr>
<tr><td>제가 ~~ 을 (보거나, 듣거나...) 했을 때
나는 독감예방접종 주사를
안 맞는다고 하는 당신을 보면</td><td>상황</td><td>당신이 ~~을 (보거나, 듣거나...) 했을 때
독감예방접종 주사를
안 맞는다고 하는 것은</td></tr>
<tr><td>~~하게 느낍니다.
불안해요</td><td>느낌</td><td>~~을 느끼십니까?
자신있는 거죠?</td></tr>
<tr><td>~~을 바라기 때문입니다.
당신과 가족과 이웃이 안전하기를 바라요</td><td>바람</td><td>~~을 바라기 때문이지요?
독감에 걸려도 힘들지 않고 나을 수 있다는
확신이 있는 거죠?</td></tr>
<tr><td>~~해주시겠어요?
독감예방접종 주사를
바로 맞으면 어때요?</td><td>부탁</td><td>~~을 하기를 바라십니까?
나에게 주사맞으라는 말을
그만 하라고 하고 싶으세요?</td></tr>
</table>

6주차 공감대화 - 심화 과정 공부하기

사례를 통한 공감대화 연습하기

사례: (상황만 적으세요)

상황을 적은 사람 : 19세 대학생

**나는 새벽까지 컴퓨터로 과제를 했어요.
과제가 어려워서 마치지 못했고, 새벽 6시에 잠이 들었어요.
다음 날 점심을 먹으면서 부모님께 상황을 이야기하니,
'그러니까 시사 문제에 관심을 가지고 신문을 많이 읽으라고 했지?'라고 하셨어요.**

너-느낌	너-바람	너-부탁
답답했지?	너의 상황을 이해해주시길 바랐지?	부모님께 그 말씀보다 이해하는 말을 듣고 싶다고 부탁드렸어?
속상했지?	네 마음을 알아주시길 바랐지?	부모님께 공감을 해달라고 부탁드렸어?
화났지?	지금 너에게 필요한 것에 대해 이야기 나누기를 바랐지?	부모님께 지금 어떻게 해야 할지를 의논하고 싶다고 부탁드렸어?
기운 빠졌지?	이 상황을 어떻게 해야 할지를 의논하고 싶었던 거지?	내게 이 상황에 대한 조언을 부탁하고 싶니?

연습하기 - 질문의 다양화

명령/요청	끝을 질문으로 바꾸기	다양한 질문
저를 있는 그대로 인정해주세요!	저를 있는 그대로 인정해주실래요?	저를 있는 그대로 인정해주시길 바라는데, 어떻게 생각하세요?
		우리 모두는 다른데... 저의 다름을 인정하기 어려우세요?
		제가 무엇을 위해서 그 말을 따라야 하나요?
(윗집에 가서) 저희 아이가 예민해요. 뛰지 좀 마세요!	저희 아이가 예민해요. 뛰지 말아주실래요?	저희 아이가 예민해요. 걸을 때 가볍게 걸어주실래요?
		아랫 집에서 올라오면 긴장되고, 불편하시죠?
		저희 아이가 예민해서 고민하다 올라왔습니다. 도움 주실 수 있으세요?
국밥이 싱거워요, 소금 좀 주세요	국밥이 싱거워요. 소금 좀 주실래요?	국밥이 싱거워요. 소금 넣으면 될까요?
		저는 국밥이 싱겁네요. 주방장님의 입맛과 제 입맛이 다른 거죠?
		국밥이 싱거워요, 어떻게 해야 할까요?
부장님의 지시대로 하기에는 시간이 모자랍니다	부장님의 지시대로 하기에는 시간이 모자라는데, 어떻게 생각하세요?	부장님의 지시대로 하기에는 시간이 모자란다고 생각하는데, 어떻게 하면 될까요?
		부장님의 지시대로 시간 내에 하기를 바라시는데 시간이 모자란다고 하면 답답하시죠?
		부장님의 지시대로 하려면 시간이 얼마나 걸릴 것으로 생각하세요?
눈이 오면 바로 나와서 집 앞의 눈을 치우세요!	눈이 오면 바로 나와서 집 앞의 눈을 치워주실래요?	눈이 오면 바로 눈을 치우는 것이 시민의 의무라고 생각하는데, 어떻게 생각하세요?
		눈이 오면 바로 눈을 치우는 것이 번거로우세요?
		눈이 오면 보행자의 안전을 위해 어떻게 하면 될까요?

시나리오 만들고 역할놀이 하기

아래 일상대화 사례의 시나리오를 읽은 후
공감대화 시나리오를 만들어 보세요.
그리고 역할놀이를 해보세요.
(공감대화 시나리오에서 '공'이라고 적힌 사람이 공감대화의 달인입니다)

<table>
<tr><td colspan="3">사례 - (40대 남편) 영업직이기 때문에 일주일에 3일 이상
일과 관련된 사람과 술을 마셔야 한다
내 몸도 힘들지만 아내의 잔소리를 듣는 것이 더 힘들다</td></tr>
<tr><td colspan="3">일상대화 시나리오</td></tr>
<tr><td>나</td><td></td><td>(접대한 다음 날 아침) 아, 머리 아파...</td></tr>
<tr><td>아내</td><td></td><td>머리가 안 아프면 이상하지...</td></tr>
<tr><td>나</td><td></td><td>왜? 또 삐딱해?</td></tr>
<tr><td>아내</td><td></td><td>이틀째 취해서 들어오는데 내가 안 삐딱하겠어?</td></tr>
<tr><td>나</td><td></td><td>접대하고 오는 거잖아.</td></tr>
<tr><td>아내</td><td></td><td>접대를 3차 노래방까지 해?</td></tr>
<tr><td>나</td><td></td><td>그 사람이 노래방에 가자고 해서 간 거야.</td></tr>
<tr><td>아내</td><td></td><td>당신이 가자고 했겠지. 새벽까지 신나게 놀구 왔더구먼!</td></tr>
<tr><td>나</td><td></td><td>나도 엄청 힘들거든!</td></tr>
<tr><td>아내</td><td></td><td>힘든 건 지금이고, 그 때는 재밌었지? 다음 날 생각은 하나도 안 해?</td></tr>
<tr><td>나</td><td></td><td>아고, 머리야... 국 좀 있어?</td></tr>
<tr><td>아내</td><td></td><td>국은 무슨 국! 먹고 싶으면 당신이 끓여 먹어!</td></tr>
<tr><td>나</td><td></td><td>아고, 머리가 더 아프구만...</td></tr>
</table>

공감대화 시나리오		
나	공.	(접대한 다음 날 아침) 아, 머리 아파…
아내		머리가 안 아프면 이상하지…
나	공.	(앵무새 질문) 내 머리가 안 아프면 이상한가?
아내		그럼, 이틀째 마시니 당연히 아프지!
나	공.	그래서 화났어?
아내		응, 화 나! 건강도 생각할 나이잖아!
나	공.	내 건강이 걱정되는구나?
아내		그럼, 당신이 우리 집 기둥이잖아, 기둥!
나	공.	아, 내가 우리 집 기둥인가? 하하하
아내		기둥하기 싫어?
나	공.	그 말을 들으면 좀 부담되기도 해. 고맙기도 하고…
아내		하여튼, 제발 술 좀 작작 마시라고!
나	공.	내가 술을 조절하기를 바라는 거지?
아내		응, 3차 할 나이는 지났잖아.
나	공.	내가 3차 할 나이는 지났다고 생각하는구나?
아내		응. 당신이 술 마시는 것을 즐기잖아. 접대가 아니라 본인이 즐긴다고!
나	공.	접대를 핑계로 내가 술을 즐기는 것으로 보여?
아내		응! 아니야?
나	공.	내가 거기에 대해 할 말이 있는데, 들어볼래?
아내		뭔데?
나	공.	나도 접대하며 술마시는 것이 좋은 것만은 아니야. 물론 싫지도 않구. 그런데 내가 원하는 것이 뭔지 알아?
아내		당신이 원하는 것이 뭔데?
나	공.	내가 접대할 때 당신이 독촉전화 안 하고, 접대하고 들어오면 부드럽게 말 해주기 원하는데, 내 말을 들으니 어떤 느낌이야?
아내		음… 조금 미안하네… 그런데 당신은 내가 원하는 것을 알아?
나	공.	당신이 원하는 것을 아는지 궁금해?
아내		응!
나	공.	당연히 알지, 술 작작 마시는 것! 1차만 하는 것, 맞지? 하하하
아내		알기는 아네! 알면서 안 하는 것은 뭐야?
나	공.	알겠어. 앞으로 노력해볼게. 내 변화를 기대해줄래?
아내		기대는 항상 하지… 기대가 실망이 된 것이 몇 번째더라…
나	공.	내가 이번에는 지키도록 해볼게, 당신은 내가 원하는 대로 해줄 수 있을까?
아내		알겠어. 기대가 성취된다면 나도 노력 해볼게!

긍정 추상 바람 단어를 사용하여 바람 말하기

1. 중학생 : 선천적으로 시력이 약해서 엄마는 게임을 20분만 하라고 하신다.
친구는 8시간 한다는 말을 들으면 속상하다.
엄마를 이해한다, 그런데 게임을 더 많이 하고 싶기도 하다.

	나-중학생		너-엄마	
바람단어 **재미**	나는 게임을 20분만 하고 나면	**상황**	제가 이런 말을 하는 것을 들으시면	바람단어 **안정 편안**
	아쉽다	**느낌**	속상하고, 안타까우시죠?	
	충분히 게임을 하고 싶다	**바람**	시력이 안정되어 제 삶이 편안하길 바라시죠?	
	엄마, 방법을 찾아주실래요?	**부탁**	제가 아쉽더라고 참기를 바라세요?	
	긍정 추상 단어를 사용한 바람 문장: 충분히 재미를 만끽하고 싶다		긍정 추상 단어를 사용한 바람 문장: 시력 상태가 안정되게 유지되어 편안하게 살아가길 바라시죠?	

2. 70대 아내 : 이 나이가 되어서도 남편의 끼니를 신경 써야 하는 것이 불편하다.
내가 밖에 있을 때는 라면으로 때우지 말고 준비해 놓은 것을 챙겨 먹기를 바란다. 오늘도 나갔다 오니 점심에 라면을 먹은 것으로 보인다.

	나-70대 아내		너-남편	
바람단어 **안정**	나는 당신이 라면을 먹은 것을 보면	**상황**	혼자 밥을 챙겨 먹는 것이	바람단어 **이해**
	짜증이 나	**느낌**	귀찮은 거야?	
	내가 준비해 놓은 것을 챙겨먹기를 바라	**바람**	간단히 라면으로 먹는 것을 이해해주길 바라?	
	나 없을 때 라면 먹는 횟수를 줄이면 어때?	**부탁**	외출하면서 당신의 끼니에 신경 쓰지 않기를 내게 부탁하고 싶어?	
	긍정 추상 단어를 사용한 바람 문장: 내가 준비해 놓은 음식으로 안정된 식사를 하기를 바라		긍정 추상 단어를 사용한 바람 문장: 라면 먹는 것을 이해해주길 바라?	

부록

3. 첫 발령 공무원 : 공무원 합격하여 첫 발령을 민원실로 받았다.
내 전공을 살려 복지정책 기획하는 곳에 지원했는데 이렇게 되어 답답하다. 인사과에 가서 이야기 하니 안타까워하며 다음 인사발령 때 다시 지원하라고 한다.

바람단어	나-첫 공무원		너-인사과 담당자	바람단어
행복 기여	나는 민원실로 발령 받아	**상황**	제가 이런 의견을 드려서	**이해**
	황당하다	**느낌**	곤란하시죠?	
	내 전공을 살려 일하고 싶다	**바람**	인사발령에 여러 요소를 고려했다는 것을 이해해주길 바라시죠?	
	제가 지원한 곳으로 발령을 변경해주실래요?	**부탁**	제가 다음 발령까지 기다리기를 바라시죠?	
	긍정 추상 단어를 사용한 바람 문장: 내 전공으로 정책기획을 하여 국민들의 행복에 기여하고 싶다		긍정 추상 단어를 사용한 바람 문장: 인사과에서 업무를 진행하면서 최선을 다했다는 것을 이해해주길 바라시죠?	

4. 60대 가족 : 추위가 계속되어 베란다 수도관이 얼었는지 세탁기에 물이 안 들어간다.
누워서 휴대폰을 보고 있는 자녀에게 말을 하니 '설비하는 곳에 연락해!'라고 한다.

바람단어	나-60대 가족		너-자녀	바람단어
관심	나는 그 말을 들으니	**상황**	그렇게 말하는 것은	**휴식 보장**
	서운하네	**느낌**	귀찮은 거지?	
	지금 상황에 관심을 가져주길 바라	**바람**	네 휴식을 방해받고 싶지 않은 거지?	
	베란다에 와서 수도가 얼었는지 확인해줄 수 있어?	**부탁**	나에게 더 말 시키지 말아달라고 부탁하고 싶니?	
	긍정 추상 단어를 사용한 바람 문장: 지금 상황에 관심을 가지고 직접 해결할 수 있는 방법을 찾아보길 바라		긍정 추상 단어를 사용한 바람 문장: 네 휴식을 보장받고 싶은 거지?	

공감대화 설명하기

공감대화는

마샬 로젠버그의 '비폭력대화'를 의역한 것입니다.
말하는 방법을 통해 자신을 돌아보고 타인의 입장도 배려할 수 있는 힘을 키울 수 있습니다.
마음에서 우러나오는 상태가 아니라도 공감대화의 방법을 사용하면
상황이 변화합니다. 이 변화를 통하여 자신도, 상대도 새로운 사고를 할 수 있게 됩니다.
말하는 방법은 4가지 요소, 상황 느낌 바람 부탁을 말하는 것입니다.
이 중 가장 중요한 요소는 느낌이며, 느낌을 충분히 인식하고 말 하게 된 후
바람을 인식하고 말할 수 있게 됩니다.
바람은 긍정 추상 명사를 사용하여 말하고,
부탁은 행동할 수 있는 것을 질문형으로 하는 것입니다.
이론을 배운 후 연습과 반복이 긍정변화를 만들어 냅니다. 삶이 변화합니다.

상황	나로 말을 시작하고, 자신이 보거나, 듣거나, 경험한 그대로를 말합니다. '내가 ~를 보니', '내가 ~를 들으니', '내가 ~한 상황에서'라고 합니다.
느낌	각 상황에서 자신의 느낌을 세밀하게 알아채고 말하는 것입니다. 상황마다 다양한 느낌이 생깁니다. 이 다양한 느낌들을 인식하고 그 중 어떤 것을 말할지 선택합니다. 자신의 느낌을 세밀하게 알아야 타인의 느낌을 짐작하는 힘이 생깁니다.
바람	느낌은 바람에서 피는 꽃입니다. 그러므로 느낌은 어떤 바람이 충족되어서 혹은 충족되지 않아서 생깁니다. 느낌을 인식한 후 바람을 찾아보는 연습이 중요합니다. 바람은 긍정 추상 명사를 사용하는 말하는 것입니다.
부탁	행동으로 할 수 있는 구체적인 부탁을 하는 것이 효과적입니다. 부정적인 표현은 행동을 할 수 없게 합니다. 긍정 표현으로 행동할 수 있는 질문형 부탁을 하는 것이 변화를 가져오는데 효과적입니다.

6주차 스스로 학습하기

질문의 다양화

일차	명령/요청	끝을 질문으로 바꾸기	다양한 질문
1일차	쓰레기 분리 수거 잘 해!	쓰레기 분리수거를 잘 해줄래?	쓰레기를 버릴 때는 분리수거에 신경 써주길 바라는데, 어때?
			쓰레기 분리수거 하라는 말을 들으면 귀찮아?
			쓰레기를 버릴 때 어떻게 해야 할까?
2일차	밤늦게 먹지 마!	밤늦게는 먹지 말래?	밤늦게 음식을 먹으면 위에 부담 주는 것이 걱정되는데, 어떻게 생각해?
			밤늦게 먹을 때 내가 걱정하는 것이 신경 쓰이지?
			밤늦게 먹는 것에 대해 어떻게 생각해?
3일차	옷을 바로 좀 걸어!	옷을 바로 걸어줄래?	옷을 바로 거는 것을 보고 싶은데, 어떻게 생각해?
			옷을 바로 거는 것이 귀찮아? 내가 말 하지 않기를 바라?
			옷은 벗어서 어떻게 해야 내가 기분이 좋은지 알아?
4일차	신발을 가지런히 놓아라	신발을 가지런히 놓아줄래?	들어올 때 신발을 가지런히 놓고 들어오길 바라는데, 어때?
			신발이 가지런하지 않아도 된다고 생각하는 거지? 이런 말이 잔소리로 들려서 답답해?
			신발은 어떻게 벗어놓고 들어와야 할까?
5일차	인사하고 나가야지!	인사를 하고 나갈래?	인사를 하고 나가기를 바라는데, 어떻게 생각하니?
			나가면서 인사하고 가는 것이 어색하니?
			나갈 때는 집에 있는 사람에게 어떻게 해야 할까?

시나리오 만들고 역할놀이 하기

아래 일상대화 사례의 시나리오를 읽은 후
공감대화 시나리오를 만들어 보세요.
그리고 역할놀이를 해보세요.
(공감대화 시나리오에서 '공'이라고 적힌 사람이 공감대화의 달인입니다)

사례 – (30대 직장인) 오늘 입사동기가 동기 단톡방에 '이런 회사는 빨리 나가는 것이 상책이야!'라고 적었다. 일주일에 2번 정도 이런 종류의 톡을 올린다.		
일상대화 시나리오		
나		(그 톡을 보고 개인톡으로) 단톡방에 그런 말은 하지 마!
입사동기		왜?
나		나를 비롯한 어떤 동기들은 그런 말 보기 싫다구!
입사동기		그냥 내 의견을 말 한 거잖아.
나		이 회사에 다니면서 이 회사에 대한 말을 너무 심하게 하는 거 다니야?
입사동기		그 정도는 해도 된다고 생각하는데... 수위 조절해서 한 거라고.
나		매번 그런 식으로 회사에 대해 비방하는 것이 좋아?
입사동기		그 정도는 해줘야 스트레스가 풀리지... 하하하!
나		답답하다...
입사동기		니가 더 답답하다!

공감대화 시나리오		
나	공.	(그 톡을 보고 개인톡으로) 단톡방에 그런 말은 안 하기를 바라는데 어때?
입사동기		왜?
나	공.	나는 그런 글을 보면 불편해.
입사동기		그냥 내 의견을 말 한 거잖아.
나	공.	이런 말 들으면 너도 불편하지?
입사동기		응. 회사 다니면서 그 정도 말도 못 하냐?
나	공.	회사 다니면서 그 정도의 말은 해도 된다고 생각하는구나?
입사동기		그럼, 그거 보다 더 한 말도 하고 싶었는데 수위 조절해서 한 거라고.
나	공.	아, 수위 조절해서 한 거구나?
입사동기		응, 많이 참았다, 하하하
나	공.	아, 많이 참은 거구나?
입사동기		응, 어제 일을 시키는데 가르쳐주지도 않고 일을 시키는 거야. 어쩌라는 건지…
나	공.	어제 그런 일이 있었구나? 당황스러웠겠네?
입사동기		응, 자세히 설명해도 어려운 일을 그냥 툭 던져. 지금도 낑낑 매고 있는 중이야.
나	공.	아, 그렇구나?
입사동기		내가 할 수 없는 일을 줬어. 오늘은 말을 해야 하는데, 어찌 말해야 할지 모르겠다.
나	공.	많이 답답하겠구나?
입사동기		응…
나	공.	내가 단톡방의 글에 대해서 할 말이 있는데, 들어볼래?
입사동기		뭔데?
나	공.	너도, 나도 지금 이 회사를 다니고 있잖아. 앞으로는 어떻게 될지 모르지만… 다니는 동안이라도 동기 단톡방에서 불평의 말을 줄여주기를 바라. 그런 말을 하면서 네 신경도 날카로워지고, 읽는 사람들도 불편할 것으로 보이거든, 어떻게 생각해?
입사동기		야, 그 정도 가지고 뭘 그러냐?
나	공.	네가 그것을 쓰면서 기분이 어때?
입사동기		나는 그렇게라도 쓰고 나면 스트레스가 좀 풀려.
나	공.	아, 스트레스가 풀리는구나?
입사동기		응!
나	공.	그렇구나. 알겠어. 내 이야기를 들어주어 고마워!
입사동기		그래, 쉬어

긍정 추상 바람 단어를 사용하여 바람 말하기

나-상.느.바.부. / 너-상.느.바.부.를 적고
'바람' 단어를 적은 후 그 단어를 사용하여 문장을 만들어 보세요

사례 : (며느리) 저녁을 드시다가 시어머님이 '나는 이제 가도 좋겠어.
내 할 일은 다 했어. 조용히 가고 싶다.'라고 천천히 말씀하셨다.

	나-며느리		너-시어머니	
바람단어	저는 그런 말씀을 들으면	**상황**	그런 말씀을 하시면서	바람단어
공감 연결	안절부절하게 돼요.	**느낌**	평온하세요?	**정리**
	공감하고, 깊이 연결되고 싶어요	**바람**	이제 조용히 삶을 정리하고 싶으신 거죠?	
	제 마음을 이해해주실래요?	**부탁**	제가 이해, 공감해주길 바라시죠?	
	긍정 추상 단어 사용한 바람 문장: 어머님을 공감하고, 깊이 연결되고 싶어요		긍정 추상 단어 사용한 바람 문장: 삶을 정리하고 싶으신 거죠?	

사례 : (아내) 모임에 참가하기 위해 출발해야 하는 시간인데 남편이,
"20분 후에 가! 별별이 부부는 매번 늦게 오잖아. 매번 먼저 가서 기다리는 것도 짜증 나."

	나-아내		너-남편	
바람단어	나는 당신의 말을 들으니까	**상황**	그렇게 말 하는 것은	바람단어
이해 수용	어이가 없고 화가 나!	**느낌**	짜증이 많이 난 거지?	**존중**
	별별이 부부가 늦게 오는 습관이 있는 것을 이해하길 바라	**바람**	약속 시간을 지키는 것이 서로 존중하는 거라고 생각하지?	
	지금 바로 출발하고 싶은데 어때?	**부탁**	내가 당신 의견을 따라 20분 후 출발하길 바라?	
	긍정 추상 단어 사용한 바람 문장: 별별이 부부가 늦게 오는 습관이 있는 것을 이해하고, 수용하길 바라		긍정 추상 단어 사용한 바람 문장: 약속시간을 지키며 서로 존중하는 행동을 하길 바라?	

공감대화 표 활용

공감대화		
사례: 며칠 전 티비를 보며 남편이 '꽃 선물은 왜 남자들이 하고, 여자들이 받는 거지?'라고 했다. 오늘 퇴근길에 남편이 좋아하는 수레국화 한 다발을 샀다.		
나: 나(아내) 비난 / 평가하지 않으면서 솔직하게 나를 표현		너: 남편 상대방의 말을 비난 / 평가가 아닌 공감으로 듣고 상대를 짐작하여 표현
제가 ~~ 을 (보거나, 듣거나...) 했을 때 나는 당신이 좋아하는 수레국화를 사면서	상황	당신이 ~~을 (보거나, 듣거나...) 했을 때 수레국화 꽃 선물을 받으니까
~~하게 느낍니다. 행복하고, 기대됐어.	느낌	~~을 느끼십니까? 기쁘지?
~~을 바라기 때문입니다. 당신이 꽃을 보며 행복하길 바랐고, 우리사회에서 꽃을 선물하는 역할과 받는 역할이 고정되지 않는 경험을 하고 싶었어.	바람	~~을 바라기 때문이지요? 성역할 고정관념이 깨지는 경험을 해보고 싶었지? / 내가 열린 사고의 배우자라는 것을 알았지?
~~해주시겠어요? 내 바람을 충분히 공감하면서 받아줄래?	부탁	~~을 하기를 바라십니까? 우리부부가 앞으로도 성역할 고정관념에서 자유롭기를 바라지?

부록

부록 2. 느낌 단어표

'느낌' 단어표

(오른쪽 아래 빈칸에 느낌 단어를 추가할 수 있습니다)

가슴 뭉클한		대견한		실망한		처지는	
가슴 벅찬		두려운		심심한		친근한	
가뿐한		따뜻한		쑥스러운		통쾌한	
감격한		딱한		아쉬운		편안한	
감동한		마음 놓이는		안심되는		평온한	
감사한/고마운		마음 아픈		안정된		평화로운	
개운한		막막한		안타까운		포근한	
거북한		만족스러운		야속한		피곤한	
걱정되는		맥빠지는		약오른		행복한	
겁나는		먹먹한		얄미운		허무한	
경이로운		멋쩍은		어이없는		허전한	
고무된		무서운		억울한		허탈한	
고통스런		미안한		열받는		혼란스런	
공감되는		미운		외로운		화난	
곤혹스러운		부끄러운		우울한		환희로운	
궁금한		부담스러운		울적한		활기찬	
귀찮은		분한		위축되는		황당한	
기대되는		불안한		원통한		황홀한	
기막힌		불편한		유쾌한		후회한	
기쁜		비참한		의기양양한		흐뭇한	
기운 나는		뿌듯한		의아한		흥미로운	
기운 없는		상쾌한		자랑스러운		희망적인	
난감한		생기나는		재밌는		힘든	
난처한		서글픈		좌절한			
놀라운		서먹한		즐거운			
다정한		서운한		지루한			
단절된		설레는		지친			
담담한		섭섭한		짜증난			
답답한		속상한		찜찜한			
당당한		슬픈		차분한			
당황한		신나는		창피한			

부록 3. 바람 단어표

'바람' 단어표

(오른쪽 아래 빈 칸에 바람 단어 추가할 수 있습니다)

감사		바람		우정		집중	
결정		배려		유대		참여	
공감		배움		유머		창조	
공동체		변화		이해		축하	
공유		보호		인내		판단	
공평		봉사		인정		편안	
관심		부지런함		일관		평등	
교감		사랑		일치		평화	
겸손		선택		의미		표현	
구별		성실		자신		필요	
균형		성장		자유		행동	
긍정		소속감		자율		행복	
기다림		소통		재미		화해	
기부		수용		재치		확신	
기여		숙달		전문		협조	
깨달음		순발력		정직		호흡	
나눔		실행		정돈		효율	
너그러움		습관		조정		휴식	
놀이		안전		조절		희망	
도움		안정		조화			
도전		애도		존재			
돌봄		여유		존중			
명예		열정		주관			
목표		예절/예의		지원			
믿음(신뢰)		예측		진실			
보람		용기		질서			

부록 4. 공감대화 표

공 감 대 화		
사례 :		
나 : 비난 / 평가하지 않으면서 솔직하게 나를 표현		**너 :** 상대방의 말을 비난 / 평가가 아닌 공감으로 듣고 상대를 짐작하여 표현
제가 ~~ 을 (보거나, 듣거나...) 했을 때	상황	당신이 ~~을 (보거나, 듣거나...) 했을 때
~~하게 느낍니다.	느낌	~~을 느끼십니까?
~~을 바라기 때문입니다.	바람	~~을 바라기 때문이지요?
~~해주시겠어요?	부탁	~~을 하기를 바라십니까?

부록 5. 사례를 통한 공감대화 연습하기 표

사례: (상황만 적으세요)

상황을 적은 사람 :

너-느낌	너-바람	너-부탁

부록

부록 6. 간단 공감대화 연습하기 표

	사례 :	사례 :
간단 공감대화		
앵무새 질문		
너 느낌 질문		
너 바람 질문		
내 느낌		
내 바람		
어떻게 생각하세요?		
웃음으로 마무리		

부록 7. 공감대화로 화를 표현하는 4단계

공감대화로 화를 표현하는 4단계 사례 :	
1단계	
2단계	
3단계	
4단계	

부록 8. 시나리오 만들고 역할놀이 하기

아래 일상대화 사례의 시나리오를 읽은 후
공감대화 시나리오를 만들어 보세요.
그리고 역할놀이를 해보세요.
(공감대화 시나리오에서 '공'이라고 적힌 사람이 공감대화의 달인입니다)

사례 :

일상대화 시나리오		

공감대화 시나리오		
	공.	
	공.	
	공.	
	공.	
	공.	
	공.	
	공.	
	공.	
	공.	
	공.	
	공.	
	공.	
	공.	
	공.	
	공.	
	공.	
	공.	
	공.	

부록 9. 정서적 노예 → 얄미운 단계 → 정서적 해방 연습하기

상황	단계	단계별 말하기
사례 :	정서적 노예 단계	
	얄미운 단계	
	정서적 해방 단계	

부록 10. 바꿔 듣고 물어보기 연습하기

역할	상황	바꿔 듣기	공감대화 하기 -. 너-느낌 질문 -. 너-바람 질문 -. 들을 수 있는지 물어보기 -. 나-느낌 or 나-바람 + 어떻게 생각하세요?
			-. 너-느낌 질문 ____________________ 응! -. 너-바람 질문 ____________________ 응! -. 들을 수 있는지 물어보기 ____________________ 응! 뭔데? -. 나-느낌 or 바람 + 어떻게 생각하세요? ____________________ ____________________

부록 11. 긍정 추상 바람 단어 사용하여 바람 말하기

사례 :

바람단어	나-________		너-________	바람단어
		상황		
		느낌		
		바람		
		부탁		

긍정 추상 단어를 사용한 바람 문장:	긍정 추상 단어를 사용한 바람 문장:

사례 :

바람단어	나-________		너-________	바람단어
		상황		
		느낌		
		바람		
		부탁		

긍정 추상 단어를 사용한 바람 문장:	긍정 추상 단어를 사용한 바람 문장:

부록 12. 긍정의 질문형 부탁과 거절 받아들이기

명령	질문형 부탁	긍정의 질문형 부탁	나의 바람 + 긍정의 질문형 부탁	(상대의) 거절의 말	거절의 답을 들은 후 말하기 (앵무새 질문 혹은 너-느낌/바람 물어보기

부록 13. 질문의 다양화

명령/요청	끝을 질문으로 바꾸기	다양한 질문

이렇게 말하면 통하는 공감대화- 심화과정

발 행 일 2021년 1월 28일 초판 1쇄 발행
저 자 고현희 나수미 문혜림 이진아 주장석
발 행 인 김성남
발 행 처 (주)지필미디어
주 소 경기 파주시 문발로115, 404호 (문발동 세종출판벤처타운)
전 화 031-957-4504
팩 스 031-957-4503
이 메 일 book@jiphil.co.kr
홈페이지 www.jiphil.co.kr
등록번호 제 312-1997-00043호 (1997년 7월 16일)
I S B N 979-11-86674-77-2
정 가 14,000원

※ 이 책의 내용의 전부나 일부의 무단 복제 및 전사를 일절 금합니다.
※ 잘못 만들어진 책은 구입하신 곳에서 교환해 드립니다.